真正的利润

NO COMPANY EVER WENT BROKE FROM TURNING A PROFIT

TRUE PROFIT!

[德] 赫尔曼·西蒙 著
（Hermann Simon）

吴振阳 祝亚雄 等译

从来没有一家公司因为盈利而破产

机械工业出版社
CHINA MACHINE PRESS

Hermann Simon. True Profit!: No Company Ever Went Broke from Turning a Profit.

Copyright © 2021 by Hermann Simon.

Simplified Chinese Translation Copyright © 2024 by China Machine Press. This edition is authorized for sale throughout the world.

No part of this book may be reproduced or transmitted in any form or by any means, electronic or mechanical, including photocopying, recording or any information storage and retrieval system, without permission, in writing, from the publisher.

All rights reserved.

本书中文简体字版由 Hermann Simon 授权机械工业出版社在全球独家出版发行。未经出版者书面许可，不得以任何方式抄袭、复制或节录本书中的任何部分。

北京市版权局著作权合同登记　图字：01-2023-2682 号。

图书在版编目（CIP）数据

真正的利润：从来没有一家公司因为盈利而破产 /（德）赫尔曼·西蒙（Hermann Simon）著；吴振阳等译 . —北京：机械工业出版社，2024.7（2025.1 重印）

书名原文: True Profit!: No Company Ever Went Broke from Turning a Profit

ISBN 978-7-111-75846-4

Ⅰ.①真… Ⅱ.①赫… ②吴… Ⅲ.①企业利润—研究 Ⅳ.① F275.4

中国国家版本馆CIP数据核字（2024）第100002号

机械工业出版社（北京市百万庄大街22号　邮政编码100037）

策划编辑：刘　静　　　　责任编辑：刘　静　崔晨芳
责任校对：王荣庆　张昕妍　责任印制：张　博
北京建宏印刷有限公司印刷
2025年1月第1版第2次印刷
170mm×230mm・18印张・1插页・184千字
标准书号：ISBN 978-7-111-75846-4
定价：79.00元

电话服务　　　　　　　网络服务
客服电话：010-88361066　机 工 官 网：www.cmpbook.com
　　　　　010-88379833　机 工 官 博：weibo.com/cmp1952
　　　　　010-68326294　金 书 网：www.golden-book.com
封底无防伪标均为盗版　机工教育服务网：www.cmpedu.com

译者序

本书作者赫尔曼·西蒙教授是全球最具影响力的管理思想家之一。本书是世界上专门探讨利润的开创性力作，凝聚了作者长期的学术理论研究和企业工作实践的精华。在本书中，作者满怀激情地阐述并严谨地论证了利润是企业最重要的也是唯一明智的最终目标，全面分析了世界上不同国家和地区以及行业的利润状况，诊断了利润低下的各种原因，并相应提出了各种行之有效的系统性解决方案。

利润是企业履行完所有财务义务之后剩余的金额。最简单地说，利润是收入和成本之差。利润是价值增值的重要组成部分，是承担商业风险的报酬，是企业生存的成本。

利润是企业唯一明智的最终目标，这是因为利润同时考虑了收入和成本两个方面，是企业经济活动全部结果的唯一衡量标准。经济理论对消费者和企业的行为进行了一些假设，如理性、信息完整性和消费者最大化效用的欲望等。从这些假设可以推导出企业最大化利润的目标，而这一目标是市场经济的根本要素。

很多人认为，利润导向和利润最大化（特别是股东价值最大化）是所有经济罪恶的根源，引发了对工人的盘剥、雇用童工、环境破坏、对供应商和客户的压价、利用垄断地位剥削、放高利贷以及类似的畸形行为。

然而，从本质上讲，利润导向是市场经济的一个组成部分。盈利的期望和前景是创建企业、发展创新、提高效率、实现增长和创造工作机会最重要的激励因素。利润是企业长期生存的先决条件。从长远看，没有利润就没有流动性。持续亏损会不可避免地导致企业破产，使工作岗位消失，造成债务违约和税收流失。

企业领导者的首要责任就是实现盈利。盈利企业产生的价值超过了投入的资源，为社会创造财富做出了贡献；而亏损企业投入的资源超过了产生的价值，从社会窃取财富，是对社会有害的。在利润动机（或利润最大化）的驱动下，组织应以最少的资源支出，即以尽可能少的资源浪费来创造一定水平的绩效。最大化利润就是最小化浪费，从而最大限度地创造财富。实现盈利是提高企业乃至整个社会效率的一种优雅而又节俭的方式。

彼得·德鲁克也曾以类似的方式描述过这种责任："利润和社会责任之间没有冲突。不是能够获取足够利润来抵消其真正的资本成本、应对未来的风险以及满足未来工人和领取养老金人员需求的企业在剥削社会，而是没做到这些的企业在剥削社会。"只有经济繁荣和利润才能确保工人的安全。

利润比任何其他目标都能更有效地确保企业的生存。在实践中，企业通常会追求多个目标。利润之外的目标通常还包括销量、收入或市场份额，但它们通常用作长期利润最大化的代理变量。利润导向始终应该是长期的，从而与股东价值的概念协调一致。

在2019年《财富》500强企业中有129家中国企业，其中有84家中国大陆企业的净利润率不到5%，占中国的《财富》500强企业的65%。在日本的《财富》500强企业中，净利润率不到5%的企业所占比例为58%，德国为52%，英国41%，法国39%，加拿大38%，瑞士36%，而美国为32%，是最好的。

2019年《财富》500强企业的净利润率中位数只有3.71%，表明这些大企业中有很多没有赚取经济利润。全球最大企业中利润率最高的企业，大部分来自美国，而中国和日本则有很多企业的业绩乏善可陈。欧盟有很多亏损的企业，却几乎没有利润率较高的明星企业。

亚洲一直是收入增长迅速的地区。2005~2017年，有一半多的新投资流向亚洲企业。然而，就利润而言，这些在亚洲的投资一直令人失望。对北美企业的投资产生了2 450亿美元的总经济利润，但在亚洲投资的经济损失却达到2 060亿美元。

在最赚钱的企业中，亚洲企业所占比例不高，而在亏损巨大的企业中的比例却很高。可以归结为两个原因。一是亚洲发展水平依然落后于欧美等地区，尤其是在高增加值领域、高科技行业和强势品牌方面。二是未上市企业普遍存在。

不同国家、行业部门和个体企业之间存在巨大的差异。对于国家而言，当国家税率较低时，净利润率往往较高。研究密集型企业往往利润率较高，而批发和零售企业的利润率通常较低。在世界上大型企业中，前1%的大企业赚取了大约1/3的经济利润。大多数企业属于"平庸一族"，平均净利润率只有2%。

由此可见，企业都应更多地关注如何提高利润。那么，企业应该如何提高利润？只有明确影响利润的因素，才能获取提高利润的解决方案。

利润率受诸多因素影响，如竞争强度、价值创造的程度、资产周转率以及研发的速度和强度等。但从本质上讲，利润的驱动因素只有三个，即价格、销量和成本。收入是价格和销量的乘积，收入减去成本（包括可变成本和固定成本），得到的结果就是利润。

价格是第一个利润驱动因素，也是比销量更有效的利润驱动因素。价格的利润弹性通常很大。如果边际成本为正，则价格上涨产生的利润高于相同百分比的销量增长。与之相反，与同等幅度的销量下降相比，价格下降对利润的负面影响也更为明显。

如果价格响应函数和成本函数是线性的，则利润最大化价格位于最高价格和可变单位成本之间的中点。利润最大化价格可以表示为取决于价格弹性的边际成本加成。与统一价格相比，差异化价格提供了获取更高利润的机会。

在定价时，心理效应也发挥了重要作用。经典效应包括势利效应或凡勃伦效应以及价格作为质量指标的作用。行为经济学发现了一系列广泛的价格现象，例如锚定价格效应、"中间价格的魔力"、更多选择的影响，以及指出正效用和负效用之间不对称的前景理论。

采用溢价和低价策略需要不同的能力。以低价赚取高利润是完全可能的，但需要非常明显的规模经济来实现和维持必要的低成本。互联网改变了定价的条件，从而也改变了实现盈利的条件。价格变化和价格战越来越频繁。在大多数情况下，互联网提高了价格弹性和透明度。价格是股东价值一个非常重要的决定因素。如果专业地实施价格措施，可以将净销售回报率提高200~600个基点。

销量是第二个利润驱动因素，但只有在能够提高利润时，增加销量才有意义。销量的理论最优条件：边际收入＝边际成本。如果边际收入超过边际成本，销量增长会提高利润。有许多方法可以实现销量和利润的增长，如提高销售业绩、市场渗透、推出新产品、进入新的细分市场、国际化、多元化、收益管理、使用新的销售渠道（尤其是电子商务）、扩大服务范围、系统解决方案和实物折扣等。

工业企业的服务通常比产品有更高的利润率。通过将单独的产品业务转变为系统业务，企业可以扩大收入，并提高客户忠诚度。在企业或市场的早期，销量增长可能是股东价值的决定性驱动因素。

成本是第三个利润驱动因素。价格和销量会影响收入，而成本则会直接影响最终的利润水平。成本是企业利润、竞争力和生存能力的极重要的驱动因素。总成本的利润弹性与价格的利润弹性大致相当。

从长远来看，全部成本决定了价格下限。利润最大化价格是由基于价格弹性的边际成本加成确定的。固定成本和可变成本结构对利润和销量管理有显著影响。高固定成本加上低可变成本增加了提高销量的压力。由于较高的正单位边际贡献，增加销量会对利润产生巨大影响。当边际成本为零或接近零时，这种影响尤为明显。

成本结构会影响利润受销量变化影响的方式，也会导致不同的风险状况。成本削减计划最多可节省10%，但这对利润产生了重大影响。除了组织和方法措施外，许多软性因素，如成本文化、管理层的承诺和员工参与等，对成本管理计划的成功至关重要。削减成本的努力应侧重于效率（做好事情）和效果（做对事情）。

在危机时期，更容易削减成本。企业应培养员工某种程度的不安全感。只有长期不懈地降低成本水平，才能提高企业盈利能力和增加生存机会。

除了价格、销量和成本这三个利润驱动因素，还有其他导致企业利润微薄的原因。目标错误可能是利润微薄最重要的原因。在实践中，企业往往更强调收入、销量和市场份额目标，而不是利润目标。在现实中，当把利润设置为首要目标时，却又往往过于关注短期的利润，这当然不符合股东价值理念的长期导向。

能否获取可持续利润不仅取决于企业本身，还取决于其所在的行业。波特五力模型提供了诊断行业利润机会的有效工具。由于竞争者、供应商和客户的共同影响，有些行业利润微薄，几乎不可能赚取经济利润。如果行业出现这种情况的可能性增加，而退出这一行业的壁垒不高，那么，最好的选择就是转换行业，而其他选择包括差异化、更精确的市场细分或所谓的蓝海战略。

缺乏专注是利润不高的另一个原因。许多企业选择保留无利可图的业务。多元化可能会降低整体风险水平，但往往会摊薄利润。解决业务过于分散的方法是将专注与全球化相结合。

除了这些一般性因素，不同国家或地区的一系列具体因素，如税收负担、劳动力成本和法规以及工会的实力等，也会影响企业的盈利能力。不同国家造成利润疲软的根本原因，例如，成熟行业的主导地位，也限制了获利机会。在许多国家，由于国内市场规模小、缺乏风险资本以及无法快速全球化，初创企业在扩大规模方面往往力不从心。此外，一个国家典型的管理结构、银行体系和对利润的态度也会影响企业的盈利能力。

本书是作者长期学术研究和实践经验的结晶，既有系统性理论的广度和深度，也有长期实践经验带来的解决实际问题的切实有效性。诚如作者所言，只有在理论和实践两方面都能切身体会和深刻理解利润，才能全面深入地探讨利润的复杂性。本书旁征博引了世界各地的大量案例研究和文献资料，思路缜密、逻辑严谨、娓娓道来，令人信服地阐述和论证了利润的重要经济性和深刻的情感性，对解决目前和未来中国企业的转型创新问题有极具针对性的指导意义。本书观点新颖独到，行文简练流畅，读起来经常会有醍醐灌顶的顿悟和如沐春风的愉悦。

浙江师范大学经济与管理学院和外国语学院部分师生参与了本书的翻译工作。祝亚雄老师（第1章、第2章、第3章、第4章），财务管理专业张垚涵（第5章），国际贸易专业张依贝（第6章）、黄丽芳（前言、第7章），英语师范专业刘玉娇（第8章、后记）参与了本书的初稿翻译和校对。张依贝负责翻译工作的组织协调工作。吴振阳负责本书翻译的全面统稿和最终修改核定。在本书翻译过程中，得到了西蒙顾和管理咨询公司高级执行总监杨一安博士热情、悉心和专业的指导，解决了翻译中的诸多疑点和困惑，令人感佩！策划编辑刘静老师也给予了各种帮助和支持，在此一并致以诚挚的谢意！本书是比较专业的管理专著，涉及各方面的专业知识，译稿中难免存在尚待商榷的问题，敬请专家学者批评指正！

吴振阳

2023年9月于浙江师范大学

前 言

利润是企业生存的成本。如果企业不能盈利,迟早会破产。每年都有成千上万家企业因此而破产。

如果企业无法偿付流动负债,就必须申请破产。流动性不足是近因,但不是破产的原因。真正的原因是持续亏损,即企业投入的资源超过了其产生的价值。长此以往,企业将难以为继。

创建企业并不困难,更大的挑战在于长期盈利。10家初创企业中有9家会在最初的3年内破产。为什么会出现这种情况?显而易见的原因是缺乏流动资金。然而,企业倒闭的最终原因是没有盈利前景。因此,创业者应切记盈利是必要条件,而非锦上添花。

利润是浪费的反义词,它现在是而且将来也仍然是企业成功和持续生存的唯一标准,是支撑企业基业长青的支柱。

一想起这些,大家可能会认为,一定会有很多利润方面的著述,但浏览一下亚马逊网站就会发现,还没有明确以利润为主题的图书。本书是第一本专门讨论利润的图书,揭示了利润的许多容易混淆的方面，如术语、追求、伦理道德、原因和驱动因素等。

本书的内容来源于我的长期学术研究和实践经验，两者同样重要，不可偏废。也许，只有在理论和实践两个方面都能切身体会和深刻理解利润，才能全面深入地探讨利润的复杂性。本书引用了世界各地的大量案例研究和文献资料，揭示了利润不仅具有经济性，而且还有深刻的情感性。有时候，企业家的悲剧命运就是因为轻视或忽略了利润动机。

我的立场很明确，坚信企业家应该坚持利润导向。这毋庸置疑。盈利不仅是企业的最佳长期目标，也是企业领导者的道德责任。

通过本书，我想把利润放在企业家、管理者和胸怀雄心壮志的创业者力图实现的目标的核心位置，因为从来就没有企业因为盈利而破产。

2021 年夏季

赫尔曼·西蒙教授、博士（拥有多个名誉博士头衔）

西蒙顾和管理咨询公司 ⊖ 创始人兼名誉主席

⊖ 西蒙顾和管理咨询公司（Simon-Kucher & Partners）成立于 1985 年，是一家非常著名的全球性咨询公司。——译者注

目 录

译者序
前　言

第1章	利润究竟是什么	1
	那么利润到底是什么	3
	实践中的利润确定	19
	小结	25
第2章	探究利润	27
	高估利润	28
	不同国家的利润情况	31
	巨型企业的利润	39
	隐形冠军	52
	资产回报率	56
	小结	59
第3章	目标	61
	理论与现实	62
	实践中的目标	65

		目标冲突	67
		销量和市场份额目标	69
		利润目标	75
		目标和激励	80
		小结	81

第4章	利润的伦理	83
	市场经济的优越性	84
	利润与自由	86
	利润、道德和体面	87
	企业社会责任	89
	互联网的作用	91
	利润有道德问题吗	93
	利润与知识分子	95
	禁忌和透明度	97
	最大化利润有必要吗	100
	股东价值与利益相关者价值	102
	无论经济景气还是萧条都要盈利	107
	利润、目的和动机	108
	令人失望的结局	109
	小结	111

第5章	诊断和治疗	113
	错误的目标	114
	再谈目标冲突	125
	错误的行业选择	129
	产能过剩	132

	缺乏专注	134
	过分强调长期导向	137
	国家层面的利润决定因素	139
	小结	146
第6章	**利润驱动因素：价格**	**149**
	作为利润驱动因素的价格的特征	149
	快速配置和响应时间	150
	关注价格	152
	利润最大化价格	159
	价格和股东价值	177
	定价过程	179
	更好的定价带来什么益处	181
	小结	183
第7章	**利润驱动因素：销量**	**185**
	作为利润驱动因素的销量的特征	185
	自发增长与价格诱导的销量增长	187
	销量的利润弹性	191
	利润最大化的销量	192
	市场渗透	193
	高效的销售活动	194
	销量和股东价值	209
	小结	211
第8章	**利润驱动因素：成本**	**213**
	作为利润驱动因素的成本的特征	213

成本的利润弹性	216
固定成本与可变成本	220
成本管理	232
小结	246
后　记	249
注　释	253

第1章

利润究竟是什么

"我的目标是利润最大化!"

如果你想激怒社会上的大部分人,让他们反对你,这样讲就会非常有效。

很少有什么会比"利润最大化"更容易产生争议了。有些人甚至一听到"利润"就会发飙。2019年4月26日,在德国工业巨头拜耳公司(Bayer)召开年度股东大会时,发生了针对该公司的声势浩大的示威活动。我参与了和抗议者的对话。当说到企业只有盈利才能生存时,我遭到了猛烈的嘲讽和斥责。

这类攻击性反应似乎很普遍。很多观察家认为,利润最大化,或更糟糕的是,股东价值最大化,是所有经济罪恶的根源。当然,大多数普通员工也反对利润最大化。而除此之外,无论教师、医生、律师还是公务员，更不用说政治学家、社会学家或哲学家中的批评人士，也都对利润最大化持批评态度。即使是商界人士，也没有就支持"利润"的观念达成普遍共识。

但从本质上讲，利润最大化只是相对于浪费而言的。我们也可以把利润最大化等同于浪费最小化。批评者声称，利润和股东价值的最大化导致了对资源和工人的剥削、收入和资产的不平等、工作岗位向低工资国家转移、企业总部迁往避税天堂，以及很多其他滥用权力的行为。

这些批评与微观经济学的理论基础形成鲜明对比。如果企业不努力获取尽可能高的利润，就会面临被竞争对手淘汰出局的风险。借用科学界的口头禅来说，商业的终极法则是"要么赢利，要么毁灭"。

利润是承担商业风险的报酬。利润是企业履行完对员工、供应商、银行、其他债权人以及向它征税的国家、州和地方政府的合同义务之后所剩余的部分。因此，利润是完全属于企业所有者的剩余部分。只要企业履行完对外部各方的所有义务，其他人就不能再提出任何额外的要求了。

然而，利润的这种毋庸置疑的简单定义并没有被普遍接受。在担任法国总统期间，尼古拉·萨科齐（Nicolas Sarkozy）宣称"股东（所有者）保留企业的全部利润是不公平的，更为公平的是，应该把企业利润平均分成三份：一份给股东，一份给员工，一份用于企业的再投资"。[1] 在萨科齐看来，企业所有者将所有利润据为己有是不可接受的。但这是否等于说，员工将自己的净工资据为己有，不允许其他人索取他们的钱，也是不可接受的？尽管如此，像萨科齐这样的民粹主义言论对公众仍具有广泛的吸引力。

那么利润到底是什么

如上所述的就是最简单、最容易理解的利润定义：企业履行完所有财务义务之后剩余的金额。但不幸的是，现实情况要复杂得多。

利润有好多种定义，可以毫不夸张地说，其中有些定义令人困惑，甚至具有误导性。涉及利润时，我们应该准确地知道正在谈论什么，否则，很容易被欺骗。因此，我无法通过掩饰和回避普遍使用的利润定义，来让读者摆脱困境。本章接下来的部分可能会有一系列令人乏味的会计和财务术语。但如果希望阅读后面更令人激奋的各章，了解什么是真正的而不是数学形式上的利润，那么在本章中所做的明确和区分，对你来说就是必不可少的。

利润定义如下：

$$利润 = 收入 - 成本 \quad (1\text{-}1)$$

收入是指销售额或营业收入，是价格和销量（件数）的乘积。

$$收入 = 价格 \times 销量 \quad (1\text{-}2)$$

收入还包括利息收入、证券收益之类的财务收入和出售资产所得、退税或其他类似财务资产的非常规收入。

利润取决于三个驱动因素，即价格、销量和成本。成本分为固定成本和可变成本。如果国家征收销售税或增值税（VAT），那么收入中通常就不包含这些税负。但有些做法并不遵循这一标准。

在计算利润时，除了营业收入和营业成本之外，上述的利息收入、出售资产所得等财务方面的收入也应考虑在内。

标准财务报表（利润表）的第一行是收入，这就是为什么我们通常称之为"顶线"（top line）。税后利润（即税后收益），符合我们上面所定义的真正利润，通常位于报表的最后一行，即我们所说的"底线"（bottom line）。

利润实际上是成本吗

一个富有洞察力的观点是把利润解释为成本。"利润是生存的成本。"彼得·德鲁克曾这么说过。[2] 他认为，利润由三类成本组成：

- 资本成本。
- 商业成本/创业风险。
- 获得未来工作和养老金的成本。

从这一意义上讲，利润不应被理解为在营业年度结束时有望带有正号的余额。与之相反，为了确保企业的生存，利润更应像成本一样被优先考虑。

用于确定利润的一系列名词和形容词增加了混乱,而非使之更为明晰。首先,我们来看一下与利润相关的名词:结果、所得、酬金、盈余、利润、收入、收益和差额。然后,我们把问题复杂化,加入运营、持续运营、初步、名义、实际、通货膨胀调整、非经常性等修饰语,以及不同组织层级(企业、团队、业务部门)之间的区别和时期(季度、年度),还有基于企业账簿中明确记录的营业收入和成本的账面利润。最后,我们还有正常利润和经济利润等利润概念,后者考虑了资本的机会成本。

现在你明白为什么在谈到利润时,我们需要予以明确和区分了吧?

在各种新闻报道和会议中,人们通常并不清楚所讨论的是哪一种利润。在财务领域,有些衡量利润的标准自成体系,但和真正利润的定义,即企业履行义务之后的余额,并没有任何共同之处。人们倾向于认为这种行话源于故意混淆策略,因此,公众(有时候甚至是内部人士)难以理解和区分不同的概念和术语。至少在一定程度上,这种行话造成了对单个企业或行业利润状况的普遍混淆和误解。

本书的目的并不是全面分析和研究各种复杂的利润计算方法。它们是专业会计文献所应讨论的内容。通过后面这些章节,我要达到的目的是,为读者简明扼要地解释最常见的利润术语及概念。但我要提一个建议:任何讨论中,只要出现"利润"一词,为了清楚起见,你就应该问一下,它包括什么,不包括什么。

厘清利润的各种缩写词

除了上述术语之外，在各种报告中还经常出现大量缩写词，例如EAT（税后收益）、EBT（税前收益）、EBIT（息税前收益）和EBITDA（息税折旧摊销前收益）。我们接下来仔细研究一下这些术语。

- 税后收益（EAT）：通常被称为净利润或净收入。从根本上讲，这是最重要的利润术语，因为这是股东所保留的收益金额。在本书中提到净利润或净收入时，我们指的就是税后收益。

- 税前收益（EBT）：顾名思义，这一利润数字没有扣除所得税。因此，这并不表示企业所有者为自己保留的真正利润。

- 息税前收益（EBIT）：通常把这一重要的利润数字称为营业利润，但在使用时并不统一。如果企业的债务以及由此产生的利息支出很高，那么息税前收益看起来会比税后收益即净利润更为可观。这就是息税前收益成为企业财务报告中非常普遍的指标的一个原因。

- 息税折旧摊销前收益（EBITDA）：与息税前收益相比，这一金额更高，因为它包括厂房、机器设备和无形资产的折旧和摊销。这一术语因此通常也被称为营业利润。有时候，会对这一数字进行调整，以反映非常规支出和收入。这样，人们会使用"调整后息税折旧摊销前收益"这一术语。正如我们上面所定义的那样，息税折旧摊销前收益几乎与税后收益没有任何关系。尽管如此,对一个企业的估值通常会以息税前收益或息税折旧摊销前收益的倍数来表示。对于息税折旧摊销前收益,折旧和摊销的不仅包括实物资产,还包括收购后企业价值的减值(write-down),即商誉。这些金额往往相当巨大。

不同水平的"利润"之间的关系如表 1-1 所示。

表 1-1 不同水平的"利润"之间的关系

税后收益
+ 税
− 退税
= 税前收益
+ 利息支出
− 利息收入
= 息税前收益
+ 资产折旧和摊销
+ 资产减值
− 资产增值
= 息税折旧摊销前收益
+ 非营业收入
− 非营业支出
= 调整后息税折旧摊销前收益

上述这些解释再次强调了高度关注某人使用的利润术语或概念的重要性。否则,就会很容易被愚弄或误导。

为了提高或夸大利润数字,人们似乎会运用无限的想象力。

有位商业记者给我发了这样一则评论:"我经常参加年度股东大会。管理者会抛出各种重要的数字和指标,但明显是为了掩饰自己的错误和问题。其中一个指标是EBITDAR(R代表重构)。有时候,这些数字听起来就像是专门为收益会议编造的。在新经济中,首席财务官把企业的'烧钱率'[3]炒作为成功指标。这让我很困惑,并开始使我认为利润更多的是'希望有',而不是'必须有'。"[4]

在21世纪初,新经济泡沫的破裂根本就没有削弱这方面的创造力。最近我听到了一个称为EBITDAL的新变化形式。L代表租赁,这表明企业显然已经把租赁成本添加到利润数字中了。人们可以添加到这些定义中的字母数量似乎是无限的。

话又说回来,根据一本杂志的说法,当"损失再次变得'性感'"时,人们为什么还要担心呢?最近在美国上市(IPO)的所有公司中,80%以上从来没有实现过盈利。[5] 2019年5月10日,拼车公司优步(Uber)上市。但当时的数据显示,2018年优步亏损了38亿美元。同时,优步宣称其"核心平台贡献利润"为9.4亿美元。

同年,共享办公空间提供商众创空间(WeWork)亏损了19亿美元,营收18亿美元。于是公司想出了一个名为"社区调整后EBITDA"的新指标,排除了营销支出之类的成本项目。然后是高朋公司(Groupon),这是一家提供折扣商品和服务的全球性电子商务平台。尽管该公司亏损总计4.2亿美元,但仍然宣称"调整后的综合部门营业收入"为6 100万美元。创造性的新指标不包括新客户的获取成本。高朋公司认为这项成本是对其未来的投资。[6]

一位记者用讽刺性的标题"成本前利润"详细阐述了这一现代趋势,即对实际上很惨淡的利润状况展现乐观的态度。"有些年份,真正的利润微乎其微,或完全不能令人满意。这时候企业就会变得非常有想象力,会在净利润或折旧中添加税收和利息。如果这一数字还不够好看,就会加入'特殊项目'或一次性费用。一家企业会在很长一段时间内用其想要的任何项目修饰利润数字,直到和竞争对手的相比,这一数字看起来还不错为止。但这一数字已不再能说明企业的真实盈利能力。"[7]

这位记者补充道:"很多企业认为 EBITDA 很重要。但对我来说,这一数字根本就不能说明什么。如果企业的收入抵销不了折旧,那就是在毁灭资本,并很可能是在走向灭亡。"[8]

用回报率表示利润

人们更喜欢的表示利润的方式是回报率,因为这样就能够在企业、商业部门和行业之间进行更好的比较。回报率是以利润水平(无论如何定义)为分子,以参考或比较基础为分母的比率。上述任何利润指标都可以用来确定回报率。该比率通常以百分比表示。

最常用的回报率公式如下所示:

$$销售回报率(ROS) = 利润/收入 \qquad (1\text{-}3)$$

该比率表示有多少百分比的收入留作利润。如果在式（1-3）中用净收入或 EAT 代替收入，所得百分比就是净销售回报率。同样，我们把这一数字称为"净利润率"。

我们还可以衡量相对于所投入资本的利润（收入）。这一比率用资本投入总额（即资产）和利润（不管采用何种定义）来计算资产回报率：

$$资产回报率 = 利润 / 资产 \qquad (1\text{-}4)$$

实践中常用的是包含利息的式（1-4）的变化形式。原因是资产收益由利润和利息组成。运用这种方法，我们可以得到公式：

$$资产回报率 = (利润 + 利息) / 资产 \qquad (1\text{-}5)$$

由于利息可作为费用进行扣除，我们还可以得出如下变化形式：

$$资产回报率 = [利润 + 利息 \times (1-s)] / 资产 \qquad (1\text{-}6)$$

式中，s 代表企业税率。

这些公式的其他变化形式还有投资回报率（ROI）、已动用资产回报率（ROCE）和净资产回报率（RONA）。对于 ROCE 和 RONA，计算时用总资本或根据应付账款和应收账款调整之后的总资产。

股东权益回报率（ROE）把利润表示为股东权益的百分比：

$$股东权益回报率 = 利润 / 股东权益 \qquad (1\text{-}7)$$

股东权益定义为总资产减去负债（通常是债务）。和其他公式一样，该公式中分子的利润会有不同的变化形式。

不同类型回报率之间存在如下关系：

$$销售回报率 = 资产回报率 / 资产周转率 \qquad (1-8)$$

资产周转率定义为收入除以资产，表示一年内资产周转的频率。不同行业的资产周转率差异很大。表1-2体现了不同行业和国家的大企业在资产周转方面存在的差异程度。

表1-2 2019财年不同行业和国家的企业收入、资产和资产周转率

企业	国家	收入（10亿美元）	资产（10亿美元）	资产周转率
沃尔玛	美国	524	236	2.22
大众	德国	283	548	0.52
亚马逊	美国	281	225	1.25
埃克森美孚	美国	265	363	0.73
苹果公司	美国	260	339	0.77
三星电子	韩国	198	305	0.65
美国电话电报公司	美国	181	552	0.33
鸿海	中国	173	111	1.56
字母表	美国	162	276	0.59
摩根大通	美国	142	2,687	0.05
中国银行	中国	135	3,269	0.04
安联	德国	130	1,135	0.11
卢克石油	俄罗斯	115	96	1.20
日立	日本	81	92	0.88
沃达丰集团	英国	50	185	0.27
赛诺菲	法国	42	127	0.33

资料来源：《财富》（2020年8月）。

如果资产周转率小于1，那就意味着销售回报率大于资产回

报率。用式（1-8）求解资产回报率，可以得到：

$$资产回报率 = 销售回报率 \times 资产周转率 \quad (1-9)$$

该式表明，资产回报率与销售回报率和资产周转率存在正比关系。

对于股东权益回报率和资产回报率之间的关系，资产负债率所起的作用至关重要，而该比率是负债除以总资产。

$$股东权益回报率 = 资产回报率/(1-负债/总资产) \quad (1-10)$$

我们用一个数据例子来说明一下。总资产为100美元，其中50美元是借来的，资产负债率为0.5。息前利润为10美元（暂时忽略税收），负债利率为5%，而这意味着50美元的负债需要付出2.50美元的利息。

因此，我们得出扣除利息后的利润为7.50美元。我们用式（1-4）可以得到资产回报率为7.5%。根据式（1-7），股东权益回报率为15%。用式（1-5）计算资产回报率，在分子中包含利息，我们得到的资产回报率为（\$7.50+\$2.50）/\$100 = 0.10，或10%。如果用式（1-6）并假设企业税率为30%，那么我们就可以得到资产回报率为（\$7.50+\$2.50×0.7）/100=0.0925，即9.25%。

现在，如果我们把负债金额从50美元增加到60美元，而把股东权益减少到40美元，那么会出现什么情况？收入和息前利润保持不变。在这种情况下，应付利息金额为3美元，息后利润则为7美元，资产回报率下降到7%。根据式（1-10）得出的股东权益回报率为 7/40 × 100% = 17.5%。这展示了所谓的杠杆效应。如果利率低于资产回报率,则较高的债务水平将提高股东权益回报率。然而,较高的债务水平也会增加企业的风险。当利率高于内部收益率时,杠杆效应成为负值,即较高的债务会降低股东权益回报率。

和报告绝对利润相比,销售回报率、资产回报率和股东权益回报率等指标更具优势。可以利用它们在业务部门、企业、行业甚至国家之间进行比较,尽管每个指标都衡量的是利润获取的不同方面。在后面的各章中,我们会继续讨论这些内容。

以一家中型消费品制造商为例,我们来一起说明所有这些财务指标。表 1-3 显示了上一财年的一些重要数据。公司总资产为 1.34 亿美元,收入为 9 100 万美元。每年资产周转率为 0.679。该公司的净销售回报率为 10.3%,基于 EAT 的资产回报率为 7.0%,资产负债率为 58.2%。这意味着根据式(1-10),股东权益回报率为 16.8%。由此可见,总体而言,该公司利润和财务状况相当稳健。

表 1-3 一家中等规模消费品公司的利润指标

项目	金额(百万美元)	占比(%)
资产	134.0	100.0
股东权益	56.0	41.8
负债	78.0	58.2
资产周转		67.9
销售收入	91.0	100.0
折旧	5.9	6.5
利息	1.5	1.6

(续)

项目	金额（百万美元）	占比（%）
税收	3.8	4.2
息税折旧摊销前收益（EBITDA）	20.6	22.6
息税前收益（EBIT）	14.7	16.2
税前收益（EBT）	13.2	14.5
税后收益（EAT）	9.4	10.3
基于EBIT的资产回报率		11.0
基于EAT的资产回报率		7.0
股东权益回报率		16.8

名义利润与实际利润

到此为止，我们只讨论了会计上的名义利润。这就意味着，无论我们选择哪一个数值，利润数据均以当前货币单位表示。如果根据通货膨胀情况对名义利润进行调整，我们就会得到所谓的实际利润。在通货膨胀相对较低的时期，如我们自1994年以来所经历的情形，名义利润和实际利润之间的差异很小。在截至2019年的25年时间里，美国年通货膨胀率只有5次超过3%，并且有12年低于2%。这和20世纪70年代有很大的不同。1971~1982年，有8年的年通货膨胀率超过6%。同时期，欧洲也经历了类似的通货膨胀情况。

我们假设一家企业的收入为1亿美元，税后利润为1 000万美元。耗资5 000万美元购买的机器分5年折旧，最后一次性全部更换。年折旧额为1 000万美元。5年内企业业务保持稳定，即每年名义收入和名义利润保持不变，分别为 1 亿美元和 1 000 万美元。每年 5% 的通货膨胀率，意味着机器的价格每年上涨 5%，这会对企业产生什么影响？5 年后更换机器的成本不是 5 000 万美元，而是 6 380 万美元。这 1 380 万美元的差额就是"虚拟利润"（phantom profit）。

我们也可以用另一种方式来表示。实际利润每年下降 5%。在第 5 年，企业名义利润为 1 000 万美元，而实际利润仅为 780 万美元。企业必须把折旧的减税水平提高总计 1 380 万美元，以抵消通货膨胀的影响，从而保持相同的实际购买力。但折旧的计税基础仅为初始购买成本，折旧总额不能超过初始购买成本。

税款是根据名义利润征收的。因此，虚拟利润也需要纳税，即使它们并没有带来实际价值的增加。关于通货膨胀的其他影响，例如，如何以更高的价格形式转嫁更高的投入成本的问题，我们建议读者去查阅专门的参考文献。[9] 在高通货膨胀时期，企业应该努力保护自己的实际利润，而不要被虚拟利润的诱惑蒙蔽。

利润和机会成本

我们不妨假设，如果某项现有业务可产生 8% 的资产回报率，那么，企业是否应该继续开展这项业务？有人愿意投资预期资产回报率为 8% 的项目吗？继续或终止这一项目，哪个选择更为明智？

对于这些问题，答案绝不是非黑即白那样明确的。与之相反，答案取决于不同的可选方案。假设在各种情况下的风险是类似的，如果其他投资的预期资产回报率只有6%，那么企业就应该继续开展现有的业务或投资拟议的项目。但是，如果其他投资机会能够提供10%的资产回报率，那么，投资这些项目就会比继续开展这一业务或追求类似新项目更有意义。

我们在这里所讲的一些利润概念并不涉及会计成本，即实际所花费的金额，而是涉及所投资本的机会成本。这些机会成本是指，在风险水平相当的情况下，从其他投资中可获得的回报。所谓的正常利润是指所有者或投资者为了弥补他们的机会成本而必须赚取的利润。如果投资项目的利润低于预期，股权投资者就会撤资，重新投资到能获取更高回报的项目上。在竞争激烈的资本市场中，企业必须至少赚取正常利润，这样才能吸引足够数量的股权投资。

所谓的经济利润（EP，也称为超额利润）衡量的是企业的利润是否超过所投入资本的机会成本。换句话说，经济利润是由资产回报率（ROA）与总资本成本之差乘以企业的总资产得出的。因此，我们可以将经济利润定义为：

$$经济利润 = 总资产 \times (资产回报率 - WACC) \quad (1\text{-}11)$$

式中，WACC是加权平均资本成本。在确定正常利润和经济利润方面起重要作用的是资本投资者所要求的风险调整后的最低回报率，这就使得WACC这一变量对股权投资者和债务投资者都具有重要意义。加权平均资本成本可定义为：

$$\text{加权平均资本成本} = e（\text{股权}/\text{资产}）+ f（1-s）（\text{负债}/\text{资产}）$$

（1-12）

式中，股权、负债和资产是按市场价值而不是账面价值衡量的，e 是股权投资者所要求的回报，f 是债务投资者所要求的利息，s 是企业税率。

负债的价值按税后计算，因为利息（资本成本）是可以减税的（deductible）。

e 是式（1-12）中的一个关键变量，表示股权投资者所要求或期望的回报。其值可以用资本资产定价模型（CAPM）计算出来，即无风险资本投资加上风险溢价。[10] 这就是利润中与风险有关部分的计算方法。

在互联网上，我们很容易找到加权平均资本成本的历史数据。在2020年初，苹果公司的加权平均资本成本为8.39%，而IBM的加权平均资本成本为7.95%，埃克森美孚的为7.7%。中国公司阿里巴巴的加权平均资本成本明显更高，为13.35%。相比之下，日本公司的加权平均资本成本往往较低。索尼的是5.34%，而丰田的只有2.12%。

由于风险不同，不同业务部门的加权平均资本成本会有所变化。戴姆勒（梅赛德斯）的传统汽车业务的加权平均资本成本是8%，但旗下子公司戴姆勒移动出行公司新业务的加权平均资本成本是15%。[11] 同一企业的加权平均资本成本也可能因国家而异。康普集团（CompuGroup Medical S.E.）的加权平均资本成本在德国是 6.1%，在波兰是 7.0%，在土耳其是 8.7%。[12]

我们用数据来说明这些影响。我们不妨假设，一家公司的总资产为 1 亿美元，产生的资产回报率为 10%，加权平均资本成本为 8%。那么经济利润是 10 000 万美元 ×（0.1-0.08）=200 万美元。换言之，该公司赚取的利润比其资本成本多 200 万美元。

在实践中，经济利润的概念经常以经济增加值（EVA）的形式出现。这是思腾思特咨询公司（Stern Stewart）提出的一个观念。[13] 许多企业采用 EVA 的概念来管理业务。经济利润甚至在私有企业中发挥着核心作用。科氏工业集团（Koch Industries）是世界上最大的家族企业，其年销售额高达 1 100 亿美元。该公司首席执行官查尔斯·G. 科赫（Charles G. Koch）认为，资本的机会成本是该公司管理业务的关键指标。[14] 采用资本的机会成本作为比较基础的基本观念并不新鲜。这是阿尔弗雷德·马歇尔（Alfred Marshall）在 1890 年最早提出的。[15] 在现金流折现法（DCF）中也体现了同样的观念。

利润与风险

利润与风险正相关是经济学的基本规律之一。换言之，即获取更高利润的机会意味着更大的风险。我们可以把这一规律提炼为决策的一个简单原则。对于给定水平的利润，人们往往倾向于风险较低的方案；反之，如果风险相同，人们就会更倾向于潜在利润最高的方案。哈里·M. 马科维茨（Harry M. Markowitz）因为在这方面的开创性研究而获得了 1990 年的诺贝尔经济学奖。该研究结果最初发表在 1952 年的一篇论文中。马科维茨的研究表明，与单一投资相比，人们可以通过多元化的投资来达成更有利的风险－收益组合。[16] 后来，许多学者对马科维茨的基本原则进行了扩展，并建立了很多模型。其中最著名的一个模型是基于威廉·F. 夏普（William F. Sharpe）研究的资本资产定价模型。[17] 这一模型解决了投资的整体风险中哪部分无法通过多元化来消除的问题，解释了资本市场如何评估高风险的投资机会。

实践中的利润确定

在实践中，根据会计和税务的需要来确定利润是一项艰巨的任务。原因是有很多因素会影响利润，并且充满不确定性，又难以量化。例如，某企业收购另一家企业后，冲销多少商誉是合适的？为了应对未来风险，企业往往需要留出（计提）足够的准备金，而这又会对当期利润产生不利影响。在这种情况下，应如何评估未来风险？如果某一期间发生的事件会影响后续期间的利润，那么应选定什么时间段来确定正在开展的项目的利润？

这些只是在实践中确定利润时会出现的众多估值问题中的一部分。其中许多会受制于会计准则和税法，而规则可能会因国家而异。在本书中，我们不准备详细阐述这些问题或更复杂的利润定义。与之相反，我们将专注于真正的利润。除非另有说明，我们所讲的利润都是税后利润，也称为净利润或净收入。

利润与价值创造

企业向供应商购买原材料、消耗品和能源，以及各种服务，如咨询、广告支持、设施管理或软件即服务（SaaS）等。当我们从企业的收入中减去这些投入的成本时，其差额就是所谓的增加值，即企业所创造的价值量。这项指标表示企业的生产和服务过程为其采购的投入增加了多少价值。增加值主要包括4个部分：工资总额、利息、税收和利润。

在许多国家，增加值构成了大家熟悉的增值税（VAT）的基础。在任何国家，所有企业的增加值之和再加上投资和政府活动所花费的金额，就是该国的国内生产总值（GDP）。有时，大型企业的收入会与小国的GDP进行比较。这种比较其实是拿苹果与橙子比较，并不是很有用，因为它将收入与价值创造的衡量指标进行比较。然而，无论如何，利润是增加值的一个组成部分，不管是在企业层面还是在国家层面都是如此。

利润与流动性

利润和流动性是两个不同的概念。流动性指的是企业支付短期负债的能力。企业即使在实现盈利的情况下也可能破产吗？答案是肯定的。一方面，负债到期，如果流动性不足导致无力偿还，那么无论其利润水平有多高，企业都必须宣布破产。而另一方面，即使企业流动性充足，也并不意味着它是赢利的。在1994年创立后的前20年中，亚马逊一直面临持续亏损或只有微薄利润的状况。赛富时（Salesforce.com）也有类似的经历。它成立于1999年，前18年累计亏损了3.39亿美元。尽管亏损严重，又进行了大量的投资，亚马逊和赛富时却从没有遇到过流动性问题。然而，在这种情况下，企业无法利用自有资源来偿还负债，需要通过贷款、发行债券或增加股权资本的形式不断获取资金。而在其他情况下，母公司必须介入，填补子公司的流动性缺口。欧宝（Opel）以前是通用汽车在德国的子公司。1999年至2016年期间，尽管欧宝累计亏损了190亿美元，通用汽车公司还是通过不断注入资本，使其能持续经营下去。但通用汽车最终也承受不了了，在2017年，不得不把欧宝卖给法国标致雪铁龙集团（PSA）（现为Stellantis）。[18]只要银行、股东或母公司愿意为企业提供资金，即使利润很微薄或根本就没有利润，也不会对其流动性带来威胁。

而相反的情形是，企业实现盈利却面临流动性问题。这种情形尽管非常罕见，却有可能发生。一旦企业为已完成的工作或已销售的货物开具发票，就可以把发票金额作为收入，并让其产生利润。但只要客户没有付款，即便账面上实现盈利，企业的流动性也会受到影响。但从长期的角度来看，实现盈利却流动性不足的情形并不常见。

有些流动性行为，如付款或支出、收款或资本流入，对利润不会有影响。企业偿还贷款时，资金流出，但利润保持不变。变化表现为资产负债表的缩减，因为偿还贷款，资产减少了，而负债也因此减少了相同的数量。贷款或利用信贷额度提款同样不会对利润产生影响。资产负债表的负债一边随着负债的增加而扩展，资产一边也因为作为资产流入企业的实际资金而扩展，所以，其两边同步扩展。在到期支付第一笔利息之前，利润保持不变。客户因收到货物或享受服务而付款时，这笔付款对利润也没有影响。[19] 它们只表现为资产的转移，这是因为应收账款减少和现金增加的额度是相同的。

相反，有些措施或行为可增加利润，却不会影响企业的流动性，如固定资产折旧。买入时已经付了款，但从会计角度来看，这种成本会在较长时间内分摊。

流动性常常被比作我们呼吸的空气。隔绝企业的"空气"，企业会迅速死亡。即使只出现一天无法偿付债务的情况，也可能会导致企业的终结。相比之下，利润更像营养品。在有些情况下，企业就像人一样，可在没有营养品的情况下存活多年，但在某一时点，这种短缺又会变得非常危险。

现金流

评估流动性最为常见的指标是现金流。其最简单的定义是，在特定时期内现金流入和流出之间的差额。现金流可以为正，也可以为负。计算现金流的间接方法，就是把净利润加上没有实际支付的费用。其中最重要的费用是折旧和摊销。因此，现金流通常也被定义为净利润加上折旧和摊销。相反，有些行为可能会增加利润,如赊销商品,对方没有立即付款,因此,不影响现金流。现金流与收入的比率被称为边际现金流(cash flow margin)。

确定投资机会优势的一个重要环节是现金流折现。现金流折现是把所有未来现金流按照选定的折现率进行折现,然后求和。该折现率表示相应替代投资方案的回报率。现金流折现背后的基本思想和经济利润的概念相似。如果净现值为正,投资或项目就比其替代方案赚得更多。如果在现金流折现模型中使用加权平均资本成本作为折现率,其结果就是经济利润。

自由现金流

和利润一样,在实际使用中,现金流有许多变化形式。因此,在任何具体的讨论中,我们都要明确具体定义。在为资本市场(银行、投资基金和分析师)以及普通投资者所写的财务报告中,所谓的自由现金流(FCF)非常重要。自由现金流指的是企业可自由支配的现金流,是在经营活动和投资活动中产生的现金流的总和。它表明企业有多少可用于支付股息、分配利润或偿还债务的资金。自由现金流是衡量企业融资能力的指标。金融资源紧缺时,如高增长时期,它会发挥最大作用。亚马逊创始人杰夫·贝佐斯(Jeff Bezos)一语中的:"我们要最大化的不是利润率,而是每股自由现金流的绝对美元金额;如果能够通过降低利润率来做到这一点,那么我们就肯定会这么做。优先考虑自由现金流会让你有能力快速开展实验和创新。"[20] 从这一意义上讲,自由现金流反映的是一家企业具有多少财务宽裕度，是企业早期极为重要的一项指标。

两组互联网企业的自由现金流故事令人大开眼界。[21]第一组中有谷歌、苹果、Facebook和亚马逊等"老牌"企业。谷歌的自由现金流从未出现过明显负值的情况，苹果也是如此。Facebook只有在2007年和2008年的自由现金流为负值。亚马逊在1999年至2001年期间的自由现金流总计达到-8.13亿美元，但这和其收入相比，是个很小的金额。因此，在发展的早期阶段，这4家企业的自由现金流总计约为-10亿美元。

现在我们来看看互联网时代"较年轻"的一组新创企业：特斯拉（Tesla）、优步、来福车（Lyft）和色拉布（Snap chat）。此类企业被称为"烧钱企业"。和前4家老牌企业相比，在2019年，这4家年轻企业就总共"烧掉"239亿美元，并在长达22年的时间里，其自由现金流都为负值。此外，在2019年上市的企业中，在其报告中约有84%显示没有利润。[22]于是，一个合情合理的问题是：投资者能不能收回已投入的资金，并获得超过其资本成本的利润？

人们认为自由现金流对股东价值有很大影响。其一大优势是，在实际操作中，不可能被各种会计"技巧"操纵。[23]但现金流或自由现金流等指标并不能直接说明企业的利润水平。

利润就是利润

在本章中，我们讨论了很多利润方面的术语和概念，希望不会引起混淆。在考虑利润时，我们绝对有必要弄清楚自己所讨论的是什么术语和哪种类型的利润。

诸如息税折旧摊销前收益或息税前收益之类的指标，并不以我们最初定义的方式来衡量利润，即企业在履行完对第三方的义务之后所剩余的部分。与此同时，尽管利润的所有其他定义可能会有所改进，但"利润就是利润"的观点仍然是正确的。这是因为各种利润形式往往会朝同一个方向发展，或从统计角度说，往往高度相关。税后利润很高的企业通常能获取经济利润。要实现正的经济利润，企业必须至少能挣回加权平均资本成本。从会计利润的角度来看，企业可以在利润为零的情况下实现盈亏平衡，但要达到经济利润下的盈亏平衡，还得考虑加权平均资本成本。无论哪种情形，利润高总比利润低好。

小　结

本章的目标在于为读者简述常见的利润术语和概念及其不同的形式类型和相互关系。然而，本书并不想深入探讨复杂的会计和财务问题，而是关注利润在经济、管理和道德方面的情况。

利润是企业或企业家在履行完对第三方的所有义务之后所剩余的部分。最简单地说，利润是收入和成本之间的差额。但有时候，我们还需要根据和企业运营无关的其他方面的因素对此进行调整。利润是价值增值的重要组成部分。

有些作者把利润解释为企业生存的成本。利润更为宽泛的定义也日渐流行，但它们包含了掩盖决定真正利润的一些因素。因此，我们要谨慎对待这些定义。

利润可用绝对值或回报率表示。在后一种情形中，常用的指标是销售回报率、股东权益回报率和资产回报率。此外，还有正常利润和经济利润之类的术语。经济利润考虑了资本的机会成本。如果企业没有收回资本成本，在财务报告中可能有会计利润，但没有经济利润。

企业可以有充裕的流动性，却不赢利。在企业发展的早期，这种情形相当常见。相反，利润很高的企业可能缺乏流动性，并最终破产，但这种情况不多见。在实践中，现金流和流动性指标具有重要作用，但并不能直接揭示企业的盈利能力。然而，随着时间的推移，利润和流动性往往会朝着相同的方向发展。

第2章

探究利润

马塞尔·普鲁斯特（Marcel Proust）凭借不朽巨著《追忆似水年华》(*In Search of Lost Time*)闻名天下。而我们则从本章开始探究利润（in search of profits）之旅。

首先，我们来探讨普通民众心目中的利润。然后，我们再来比较不同的国家、行业和各种规模的企业的盈利情况。我们会发现，在不同的国家、行业和企业之间，收益差异很大。在企业层面，我们会发现，有几家盈利极为丰厚的企业赚取了大部分的利润。相反地，很多企业的收益通常很低，低于其资本成本（即WACC）。在本章中，我们主要考虑的是税后利润。这符合我们对真正利润的定义，即所有者在履行完全部义务之后所剩余的部分。可是，我们也注意到，比较税前和税后利润可能会导致不同的评估和对趋势的不同判断，因为各个国家税率并不一样。[24]

高估利润

普通民众通常是如何看待利润的？这方面有很多的研究。我们先从美国人的看法入手。在美国，我们对一个有代表性的样本进行调查，提出如下问题："请粗略估计一下，你认为普通企业每美元销售额中税后利润能占几个百分点？"[25] 调查回复的平均利润率为36%！这一数字与广告大师大卫·奥格威（David Ogilvy）在《奥格威谈广告》（Ogilvy on Advertising）一书中的研究数据非常一致："普通消费者认为西尔斯·罗巴克百货（Sears Roebuck）的销售利润率是37%。"[26] 事实上，当时西尔斯·罗巴克百货真正的利润率不到5%。

从1971年至1987年期间开展的9次不同的民意调查中，对同类问题的回答范围分布在28%到37%之间，平均为31.6%。那么真相是什么呢？长期以来，美国企业的实际平均税后利润率为5%左右。换句话说，受访者对企业利润水平高估了5倍。2019年，在意大利的一项研究中，我们也得出了非常相似的结论。在那里，受访者估计的净利润率为38%。[27]

德国人也回应过有类似问题的调查。[28] 结果显示，答案分布在15.75%到24.15%之间，平均值为20%。[29] 在奥地利，同类问题的回答数值为17%。[30] 而在其他国家，我们没有找到类似的调查。[31]

由于这些结论令人吃惊，我决定亲自进行调查。在步行区或类似地方,我随机接触询问了 100 人。我们把这样抽样获取的样本称为便利样本。我们不能指望从这样的样本中得出具有代表性的结论。而我感兴趣的不仅是收集每个人对问题给出的答案,还有观察他们在我提出"企业获取 100 欧元的销售收入,扣除成本和税收之后,还会剩下多少利润?"这一问题时的反应。

有点商业意识的人可能会觉得这一问题比较简单。但很多受访者觉得这一问题很难。有些人甚至感觉紧张,承认自己从来没有考虑过这一问题。有些人甚至认为自己对利润率一无所知,坚持不能或不愿说出具体的数字。而其他人则以涉及意识形态为由,拒绝回答这一问题。有些人表示自己对利润深恶痛绝。

对我来说,这次调查是一次非同寻常的全新体验。我逐步认识到,应该要求商科或经济专业的每名学生就利润这一话题寻求普通民众的看法。无论作为学生还是作为老师,在自己学术生涯中,我从没有这样尝试过。

那么,结果如何呢?就平均值(算术平均值)而言,受访对象估算的净利润率为 22.8%。尽管样本规模较小,但其结果与以前有代表性的调查结果相当吻合。不过,平均值并不能说明全部问题。受访对象回答的分布情况如图 2-1 所示。

这确实令人难以置信,答案范围分布很广,从 0 到 80%。标准差也非常高,为 19%。这种分散情况表明,和美国相似,广泛的不确定性和人们普遍对净利润率比较陌生,导致了这些对净利润率的估计结果。图 2-1 还显示了 14 年来德国企业真正的平均净利润率,只有 3.4%。人们把利润率高估了 6 倍多。

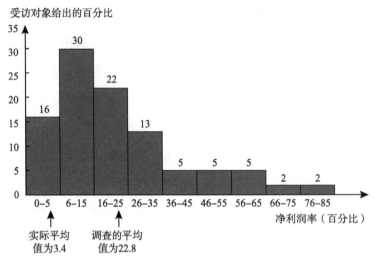

图2-1　净利润率估值分布（德国）

在美国和德国出现的这些估计值的相似之处，让我觉得这种现象值得注意，也激发了我极大的兴趣。在这两个国家中，实际净利润率都被高估了5倍（即高500%）。这种对实际利润普遍缺乏了解的情况令人担忧。

我们如何解释这种极端的错误认识？我还没有令人信服的答案。但我们可以说，在社会的许多方面，都存在这样的扭曲情况。在37个国家和地区开展的一项有代表性的研究中，参与者被问及自己国家或地区的失业率水平。所有国家或地区的平均失业率估值为34%，而实际平均失业率仅为7%。令人吃惊的是，这种误判的偏差接近4倍。[32] 在其备受推崇的著作《事实》（*Factfulness*）一书中，已故作家汉斯·罗斯林（Hans Rosling）列举了无数例子来说明在日常生活中广泛存在的错误观念，并诊断出"令人震惊的全球无知现象"。[33]

普通民众对利润的认识与事实大相径庭。当人们普遍做出偏离事实四五倍的估计时，我们甚至可以认为，大众已经对现实情况失去了感知能力。在下一节中，我们来更细致地探究真实的利润情况。

不同国家的利润情况

我们现在来观察一下按国家排序的企业利润情况。图 2-2 是 22 个国家的企业的平均净利润率（税后销售回报率）。相应的时间跨度为 8 年。[34]

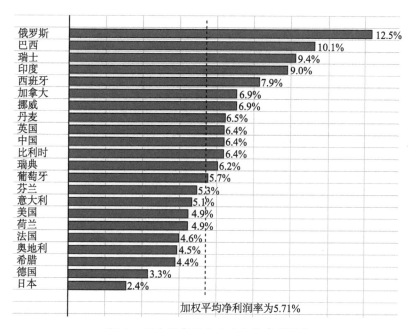

图2-2　22个国家的企业的平均净利润率

由于这些国家的经济实力差异很大，我们用GDP作为加权因子来确定平均净利润率。于是就得出了总体加权平均净利润率为5.71%。各个国家之间的净利润率差异很大。在我们所考察的期间，俄罗斯企业的净利润率大约比日本企业的净利润率高5倍。美国企业的净利润率为4.9%，略低于平均水平。德国和日本企业的净利润率最低。

国家经济规模越小，企业平均净利润率越高

如果把各国的平均净利润率与其GDP的排名进行对比，就可以观察到，国家的经济规模与其企业的平均净利润率之间，存在轻微的负相关关系，如图2-3所示。

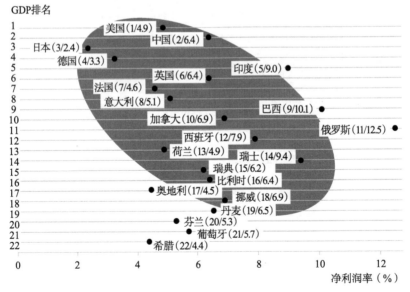

图2-3　企业平均净利润率与GDP排名

这种关系实际上具有统计显著性。[35] 在经济规模较大的国家，企业的平均净利润率往往比较低，而在经济规模较小的国家则比较高。这一发现与规模经济的概念是矛盾的。其中一种可能的解释是，在经济规模较大的国家，竞争更为激烈，给利润率带来下行压力。如果这个假设成立，那么就意味着，竞争强度对利润率的影响比规模经济要大。

人们还有一种印象，即利润率和各个国家的风险情况高度相关。这反映了利润和风险之间的总体关系。在诸如俄罗斯、巴西和印度等可以被归类为高风险经济体的国家中，企业可能获取更高的利润率。瑞士是个明显的例外。

图 2-3 还显示欧盟成员国的企业平均净利润率往往较低。用欧盟成员资格作为一个变量进行回归分析，确实可以获得更好的解释。[36] 加入欧盟导致企业平均净利润率下降 2.4 个百分点。相比于欧盟以外的企业，欧盟内部的企业利润率更低。欧盟地区税率普遍较高的现实情况有助于解释这一现象。

利润率的动态情况

同样有趣的是 8 年中这些国家的净利润率的变化，如图 2-4 所示。

8 年的平均利润率为 6.05%，但各年之间存在相当大的差异。最好的年份是 2007 年，其净利润率是最差年份 2003 年的 2 倍多。2003 年的利润情况可能反映了经济仍受到互联网泡沫破灭和

2001年"9·11恐怖袭击事件"的影响。我们可能会注意到,在大衰退的两年时间中,即2008年和2009年,利润下降相对较少。

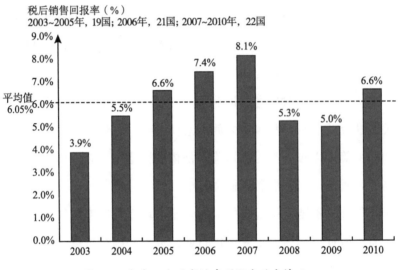

图2-4　8年中22个国家的净利润率动态情况

资料来源:德国经济研究所。

行业部门的利润率情况

在不同国家和不同年份,利润率存在很大差异。这一结论也适用于不同行业部门之间。利润率受诸多因素影响,如竞争强度、价值创造的程度、资产周转率以及研发的速度和强度等。即使在同一行业部门内,各个年度的利润率也可能非常不稳定。印刷媒体就是一个例子。以前这一行业的利润率很高,2007年为10.4%。然而,它因为互联网的兴起而面临崩溃的局面,2019年,

利润率下降至 -1.64%。在石油和天然气等周期性行业，价格波动会对年度利润率产生巨大的影响。相比之下，其他行业部门，如医药行业，则始终保持高利润率。

有很多对行业部门利润率的研究，但不幸的是，它们之间的可比性很有限。在这里我们引用纽约大学的一项研究。这一研究涉及美国 93 个行业部门的 7 053 家企业。[37] 所选 14 个行业部门的净利润率情况如图 2-5 所示。

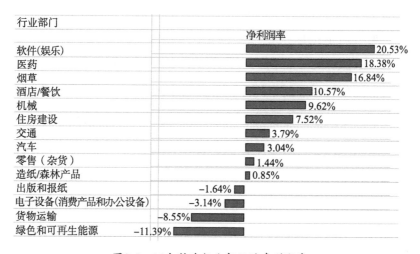

图2-5　14个所选行业部门的净利润率

全部 93 个行业部门的净利润率中位数为 5.9%，处于我们在此所引用数值范围之内。软件（娱乐）行业是所选行业部门中净利润率最高的，为 20.53%，而绿色和可再生能源行业部门则正好相反，为 -11.39%。

德国复兴信贷银行（KfW）发布过一份关于许多行业部门中

小企业（SME）利润率的研究报告。[38]前五大行业部门以及中小企业总体的净销售回报率情况如图 2-6 所示。

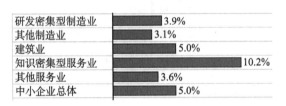

图2-6 德国中小企业的净销售回报率（按行业部门分类）

该研究揭示了不同行业部门之间存在巨大差异。其他制造业的净销售回报率仅为 3.1%，而中小企业总体的净销售回报率为 5.0%。在服务行业部门内，各个子行业部门之间存在显著差异。知识密集型服务业的平均净销售回报率为 10.2%，而其他服务业的净销售回报率仅为 3.6%。该研究发现，净销售回报率和企业规模呈负相关关系，这意味着小企业的平均净销售回报率要比大企业高。

会计和咨询集团安永（EY）对全球 500 家研发密集型上市公司进行了研究。安永研究了所选行业的销售回报率。根据在第 1 章中提出的告诫，我们需要准确定义研究所关注的利润类型。在该项研究中，安永比较的是息税前收益，而不是净利润。[39]研究结果如图 2-7 所示。这再次揭示了不同行业之间存在巨大的利润率差异。制药/生物技术行业的利润率几乎是汽车行业的 3 倍。对这些显著差异的一种解释是研发投入强度不同。制药/生物技术企业平均将销售额的 17.1% 用于研发，而作为原始设备制造商（OEM）的汽车厂商用于研发的资金仅占其销售额的 4%。

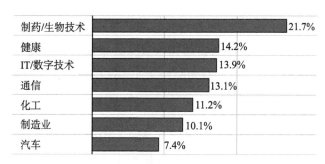

图2-7　不同行业的研发密集型上市公司的销售回报率（按息税前收益计算）

从这些研究中，我们可以得出几个结论。首先，销售回报率，或其他衡量利润率或利润的指标，会因行业部门的不同而有显著差别。研发密集型行业的利润率更高。有些研究结果支持利润率与企业规模（以收入衡量）呈负相关关系的假设。但比较各行业之间的利润率并无太大意义。对特定行业内企业进行比较会形成更有意义的参考标准。尽管个别企业可以通过良好的管理来提高行业部门的总体平均值，但它并不是在真空中经营业务的，肯定会受到所在行业部门内诸多条件的影响。从这一意义上讲，不同行业部门或行业的利润率提供了一个重要的参考点。

零售和批发业的利润率

零售业的企业往往能产生巨额的收入，而利润率却很低。尽管如此，该行业的利润率仍然存在很大的差异。

食品和杂货零售业的利润率通常不到3%，甚至常常低于1%。沃尔玛是世界上最大的零售商，也是世界上收入最高的企业。2019年，该企业雇用了220万名员工，收入为5 240亿美元，净利润率为2.84%。德国食品和杂货零售集团雷弗集团（REWE）雇用了345 434名员工，公布的收入为494亿欧元，净利润为3.38亿欧元，净利润率为0.68%。零售集团麦德龙（Metro's）雇用了97 606位员工，收入总计为414亿美元，亏损1.421亿美元。

食品和杂货之外的零售商的利润率要高得多，瑞典家具零售商宜家（IKEA）就是个很好的例子。该公司有208 000名员工，销售收入363亿欧元，净利润为24.7亿欧元，净利润率为6.8%。[40] 所谓的"快时尚"零售商的净利润率甚至更高。经营飒拉（Zara）连锁店的英迪特斯（Inditex）的净利润率为13.7%。[41] 紧随其后的是Primark，其净利润率为12.4%，H&M为11.3%，优衣库（Uniqlo）为10.4%。所有这些连锁店都奉行低价策略，库存周转很快，运营效率极高。

在批发行业，我们也观察到了明显的差异。瑞士收入最高的嘉能可公司（Glencore）是一家全球性多元化的自然资源生产商和交易商。它的收入为2 200亿美元，税后利润为26亿美元，净利润率为1.18%。有7万名左右员工的药品批发商麦克森（McKesson）的收入为2 310亿美元，但其净利润仅为9亿美元，净利润率为0.39%。有34 000余名员工的德国医药批发商菲尼克斯医药公司（Phoenix Pharma SE）的收入为305亿欧元，但净利润为600万欧元，净利润率为0.02%。不过，在批发行业内也有例外的情况。全球最大的工业产品批发商伍尔特（Würth）在全球有77 080名员工，销售额136亿欧元，净利润6.87亿欧元，净利润率比较高，达到 5.0%。

这些例子表明，在零售和批发行业内，净利润率和价值链结构也存在显著差异。

巨型企业的利润

在分析了国家和行业的利润情况之后，我们现在来关注一下全球巨型的企业的盈利情况。我们分析的是《财富》500 强企业的数据，包括了世界上收入最高的 500 家企业的具体情况。[42] 在 2019 年，这些企业来自 33 个国家，其中中国 129 家，美国 121 家，日本 52 家，占了全部 500 强的 60.4%。《财富》500 强在全球雇用了 6 990 万名员工，是世界经济的晴雨表。

《财富》500 强的总收入为 33.294 万亿美元，净利润为 2.061 万亿美元。通过计算可得出净利润率为 6.19%。平均而言，榜单上每家企业获取了 665.9 亿美元的收入和 41.2 亿美元的利润。然而，利润的算术平均值受到少数利润率极高的企业数据的影响，扭曲了整体情况。沙特阿美（Saudi Aramco）的利润总额为 880 亿美元，单独为平均利润贡献了 1.76 亿美元。而中位数则更有意义，因为它消除了诸如沙特阿美之类的异常值的扭曲效应。《财富》500 强的净利润中位数为 20.3 亿美元，相应的净利润率中位数为 3.68%。中位数比算术平均值更能代表这些巨型企业的平均利润表现。

算术平均值和中位数把大量数据整合为一个数值型参数。但在这一过程中，丢失了大量信息。了解利润表现的一种更明智的方法是分析《财富》500强企业的净利润率分布情况。2019财年，这些企业的净利润率分布情况如图2-8所示。

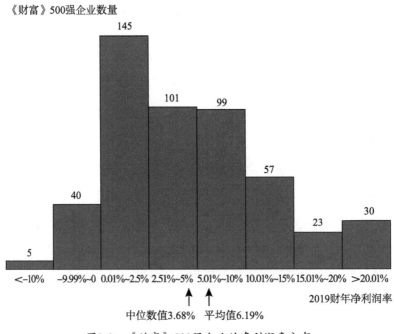

图2-8 《财富》500强企业的净利润率分布

该分布图中最显著的特点是净利润率数值分布范围很广：从斯伦贝谢（Schlumberger）的-30.8%到台积电（Taiwan Semiconductor Manufacturing）的33.1%。与我们从对算术平均值和中位数的分析中获取的信息相比，这种分布揭示了更为差异化的情况。在2019财年，在这500家企业中，有45家（占9%）出现了净亏损。

平均亏损额度达到 22.55 亿美元，总亏损额约为 1 015 亿美元。

　　净利润率处于 0.01%~2.5% 的企业所占比例也很高，有近三分之一，准确地说，有 29.0% 的企业属于这一类。有约五分之一的企业（具体为 20.2%）的净利润率在 2.51%~5%。如果把这两类和亏损的企业合并到一起，就达到了 291 家，即占名单总数的 58.2%。这些企业的大多数，即半数以上的《财富》500 强企业，在 2019 财年不太可能赚回资本成本（用 WACC 衡量），[43] 也就没有产生任何经济利润。这一发现令人震惊。因此，所有这些企业都亟须把经营重心转移到利润最大化上面。

《财富》500强企业的利润动态变化

　　从 2010 年到 2019 年的 10 年间,《财富》500 强企业的利润率表现出了惊人的稳定性。图 2-9 描绘了利润的变化情况。

图2-9　《财富》500强企业10年间的利润变化情况

10年中绩效最佳的是 2018 年，历年净利润率的算术平均值均在 5% 以上，总体的平均值为 5.65%。22 个国家的企业的年利润率如图 2-4 所示。与之相比，全球巨型企业利润率的波动要小于按照国家划分的企业利润率。对这一发现的一种解释是，《财富》500 强企业通常在世界各地经营业务。全球化起到分散风险的作用，从而降低了波动性。另外，还要注意的是，图 2-4 和图 2-9 所覆盖的时期不同。乍一看，差异可能很小，但在 21 世纪 10 年代，世界经济增长比新千年的第一个 10 年更为均衡。

利润之星

一般公众往往非常关注利润很高的企业。《财富》500 强企业中，利润最高的 25 家企业如图 2-10 所示。我们称之为利润之星。

因为一年的绝对数字超出了多数人想象的极限，在图 2-10 中，我们还列出了日利润。即便是日利润，数字也很惊人。这些利润之星仅占《财富》500 强企业的 5%，总利润却高达 7 637 亿美元，相当于《财富》500 强企业所有利润的三分之一以上（准确数字是 37.05%）。这一百分比高于前一年度的 33.1%。这表明利润集中度提高了。

在利润之星名单上，有几个情况比较突出。全部 25 家企业只来自 8 个国家；其中 13 家来自美国，6 家来自中国。沙特阿拉伯、日本、俄罗斯、韩国、荷兰和德国分别只有一家企业属于利润之星。在这 25 家企业中，有 8 家是银行，中国和美国各 4 家。

第二大群体是科技企业，其中包括苹果公司、三星电子、微软、字母表、阿里巴巴、英特尔、威瑞森电信和Facebook。这表明，三分之二的利润之星来自两个行业部门：银行业和科技/通信行业。这再一次证实了利润高度集中的现实情况。

企业	年利润（2019年，百万美元）	日利润（2019年，百万美元）
沙特阿美	88 211	242
伯克希尔-哈撒韦	81 417	223
苹果公司	55 256	151
中国工商银行	45 195	124
微软	39 240	108
中国建设银行	38 610	106
摩根大通	36 431	100
字母表	34 343	94
中国农业银行	30 701	84
美国银行	27 430	75
中国银行	27 127	74
平安保险	21 627	59
阿里巴巴	21 450	59
英特尔	21 048	58
富国银行	19 549	54
花旗集团	19 401	53
威瑞森电信	19 265	53
丰田	19 096	52
俄罗斯天然气工业股份公司	18 593	51
Facebook	18 485	51
三星电子	18 453	51
辉瑞	16 273	45
荷兰皇家壳牌石油公司	15 842	43
大众	15 542	43
强生	15 119	41

图2-10 2019年《财富》500强企业中的25家利润之星

利润率之星

尽管绝对利润之星名单和净利润率最高的企业名单并不相同，但重叠度很高。《财富》500强企业中净利润率超过20%的

30家企业如图2-11所示。我们称之为利润率之星。

台积电	33.1%
伯克希尔-哈撒韦	32.0%
辉瑞	31.4%
微软	31.2%
阿里巴巴	29.3%
英特尔	29.2%
甲骨文	28.1%
俄罗斯联邦储蓄银行	27.0%
沙特阿美	26.7%
Facebook	26.1%
摩根大通	25.6%
中国工商银行	25.5%
美国合众银行	25.3%
腾讯控股	24.7%
中国建设银行	24.3%
美国银行	24.1%
菲利普-莫里斯国际	24.1%
可口可乐	23.9%
艾伯维	23.7%
招商银行	23.5%
诺华	23.2%
思科	22.4%
英美烟草集团	22.0%
苹果公司	21.2%
字母表	21.2%
罗氏集团	21.2%
默克	21.0%
中国农业银行	20.8%
澳大利亚联邦银行	20.4%
中国银行	20.1%

图2-11　2019年《财富》500强企业中的30家利润率之星

利润率再次表现出了高度集中的现象：10家银行、9家科技企业和5家制药企业。仅这三个行业就占了榜单的80%。制药行业很强大，有5家企业。而在区域分布方面，美国有16家企业，中国有8家，两国企业占据了名单的绝大多数。只有4家利润率之星来自欧洲，但没有一家来自欧盟地区。桥水基金（Bridgewater）用这种绝对值和百分比形式分析利润，得出如下结论:"美国超级明星现象——环顾全球,美国因拥有绝大多数'超级明星'企业而傲视群雄,这些企业规模巨大,具有强大的市场地位、很高的利润率和巨额利润。"[44]

因此,再仔细分析一下《财富》杂志单独列出的美国 500 家最大企业,一定能带来很多启发。该名单上美国企业的净利润如图 2-12 所示。[45]

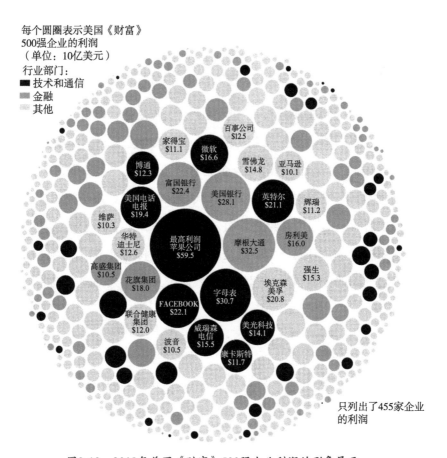

图2-12　2018年美国《财富》500强企业利润的形象展示

每个圆圈的面积表示净利润。从图中可见，利润高度集中在少数利润之星。高利润率的企业也来自少数几个行业，如技术和银行业等。近年来，这种利润高度集中在少数行业的少数企业的现象愈加明显。这导致了市值的相应分化，并引发了竞争行为方面的问题。2020年10月，美国司法部针对谷歌公司发起反垄断诉讼，"以阻止该公司在搜索和搜索广告市场利用反竞争和排斥性做法来非法保持其垄断地位，并弥补其遏制竞争所带来的损失"。[46]

全球超级明星

至此，我们主要分析了《财富》500强企业，即世界上的巨型企业。有一项研究扩展到《财富》500强企业之外，调查了年收入10亿美元以上的5 750家企业的利润情况。[47]这一研究对全球企业的利润情况提供了一个更具代表性的观点。该研究对企业进行排名的一个标准是经济利润，即赚取超出支付企业WACC所需金额的利润。在这5 750家企业中，经济利润排名前10%（前十分之一）的企业被称为超级明星。研究发现令人惊讶，也非常有趣：

- 经济利润的分布极不平衡。排名前10%的企业，即超级明星，所赚的利润超过了名单上所有企业的全部经济利润的80%。这不禁令人想起苹果公司的赚钱能力，尽管其以件为单位的市场份额"仅"为15%，却获取了智能手机市场80%以上的利润。

- 在超级明星企业中，排名前1%的57家企业的利润是所有5 750家企业全部经济利润的36%。
- 中间60%的企业只有很少或几乎没有经济利润，这表明，即使在最好的情况下，它们也几乎无法收回其WACC。
- 经济利润最低的10%的企业蒙受经济亏损，其总体上损失的价值和超级明星创造的价值一样多。很多这样的企业之所以能够生存下来，是因为得到了本国政府的支持。它们通常被称为"僵尸"企业。
- 随着时间的推移，超级明星和中等企业之间的差距越来越大。这种现象同样发生在经济利润最低的10%的企业。换句话说，经济利润率的差距越来越大。与20年前相比，如今超级明星和"超级亏星"之间的差距越来越明显。
- 超级明星名单变化很快。在10年内，近一半企业跌出前十分之一。约40%的没落明星，即所有超级明星的20%，一路下跌成为经济利润最低的10%。这种动态变化情况似乎证实了古老的股市交易格言："永远不要去抓正在掉落的刀子。"
- 超级明星绝不会局限于少数几个行业。行业部门的多样性其实增加了，这些行业的重要性也在日益增加：金融、专业服务、房地产、制药和医疗技术以及互联网/媒体/软件。
- 超级明星分布的地区也在扩大，超级明星越来越多地集中在特大城市。该项研究发现了50个"超级明星城市"，其人均收入比周边地区高出45%。

这项超级明星研究不仅证实了对《财富》500强企业的分析结果，还在更广泛的基础之上确立了如下观点：少数几家超级明星的利润占了其各自市场利润的绝大部分。大多数大型企业要么勉强赚回资本成本，要么遭受经济损失。我们也能观察到，在诸如数字化趋势、越来越高的研发强度以及发展中国家新企业的不断出现等趋势的推动下，利润状况的变化和波动会越来越大。

"平庸一族"

我们很容易理解这一点：利润最高的企业最受公众和资本市场的关注。这种选择性关注部分解释了我们在本章开头所描述的公众对利润率估计过高的原因。大多数企业的实际利润要低得多。正如我们从图2-8中看到的那样，《财富》500强企业中的近一半，即246家企业的净利润率在0~5%。这一点与超级明星研究的结果一致。该研究表明，在所研究的企业中，有60%没有赚取经济利润。与通常利润率在20%以上的利润之星或超级明星相比，此类企业更能代表全球企业整体的利润状况。

《财富》500强企业中的这些"平庸一族"的实际盈利情况如何？其平均收入为700亿美元，略高于666亿美元的总体平均收入水平。它们的收入中位数为463亿美元，与471亿美元的整体收入中位数几乎相同。因此，从收入的角度观察，它们与利润之星同属一个赛道，但其利润率非常低，平均值为2.3%，中位数为2.1%。[48] 在这一类别中，大多数企业没有收回WACC，盈利状况很不理想。

有趣的是"平庸一族"企业所在的国家和地区分布,如图2-13所示。

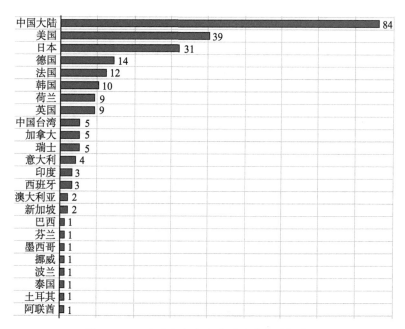

图2-13 不同国家和地区的"平庸一族"企业

在《财富》500强企业中,有84家"平庸一族"企业在中国大陆,其净利润率不到5%。这相当于《财富》500强企业中129家中国企业的65%。在日本企业中,净利润率这么低的企业所占比例约为60%,而德国(48%)和英国(53%)的比例更低。法国(39%)、加拿大(38%)和瑞士(36%)的绩效平庸企业的比例相差不大。在拥有大量《财富》500强企业的国家和地区中,美国的情况最好,只有32%的"平庸一族"企业。我们在此建议

"平庸一族"企业应该更多关注如何提高利润率。

亏损企业

在"平庸一族"后面,我们看到《财富》500强中亏损的45家企业。2019年亏损最多的25家企业如表2-1所示,按净利润率从低到高排名。

表2-1　2019年《财富》500强企业中净利润率最低的25家企业

企业	销售收入（百万美元）	利润（百万美元）	国家	净利润率
斯伦贝谢	32 917	-10 137	美国	-30.80%
墨西哥石油公司	72 820	-18 039	墨西哥	-24.77%
德意志银行	41 780	-6 033	德国	-14.44%
美国邮政	71 154	-8 813	美国	-12.39%
软银集团	87 440	-8 844	日本	-10.11%
雷普索尔	47 544	-4 271	西班牙	-8.98%
新日铁	54 465	-3 969	日本	-7.29%
日产	90 863	-6 174	日本	-6.79%
日本钢铁工程控股公司	34 305	-1 819	日本	-5.30%
通用电气	95 214	-4 979	美国	-5.23%
塔塔汽车公司	37 242	-1 703	印度	-4.57%
森特理克	28 934	-1 305	英国	-4.51%
淡水河谷	37 570	-1 683	巴西	-4.48%
韩国电力公司	50 257	-2 013	韩国	-4.01%
安赛乐米塔尔	70 615	-2 454	卢森堡	-3.48%
东芝	31 179	-1 054	日本	-3.38%
陶氏	42 951	-1 359	美国	-3.16%
邦吉	41 140	-1 280	美国	-3.11%
欧尚集团	54 672	-1 638	法国	-3.00%
丸红株式会社	62 799	-1 816	日本	-2.89%

（续）

企业	销售收入 （百万美元）	利润 （百万美元）	国家	净利润率
大陆集团	49 783	-1 371	德国	-2.75%
法国国家铁路公司	39 308	-897	法国	-2.28%
引能仕控股株式会社	75 897	-1 729	日本	-2.28%
沃达丰集团	49 960	-1 022	英国	-2.05%
空中客车	78 883	-1 524	荷兰	-1.93%

欧洲有9家亏损企业，其中7家来自欧盟。尽管欧洲在亏损企业名单中占很大比例，但几乎没有利润之星企业。根据净利润率，有7家日本企业属于亏损大户。美国紧随其后，有5家。请注意，25家净利润率最低的企业中没有中国企业。

《财富》500强企业是世界经济的一面重要镜子。多年以来，它们的利润率一直相对稳定，2018年利润率最高，创了纪录。尽管如此，2019年的净利润率中位数却只有3.71%。这表明这些大企业中有很多没有收回资本成本，因此没有赚取经济利润。超级明星企业的情况类似。在全球最大企业中，少数几家超级明星企业引起了公众的广泛关注，并赚取了全球经济利润的三分之一以上。利润排名变化很大。这表明对给定年份的看法和分析只是一个片段（snapshot）。在利润之星中，美国企业占了大部分，而中国和日本则有很多企业的业绩乏善可陈。与之形成对比的是，欧盟有很多亏损的企业，却几乎没有超级明星企业。

关注亚洲

事实上，亚洲一直是收入迅速增长的地区，因此值得我们仔细研究其企业的利润情况。一项针对全球 5 000 家规模最大企业的研究显示，在 2005 年到 2017 年期间，有一半多的新投资流向亚洲企业。[49] 然而，就利润而言在亚洲的这些投资一直令人失望。对北美企业的投资产生了 2 450 亿美元的总经济利润，而在亚洲投资的经济损失却达到了 2 060 亿美元。

亚洲企业在最赚钱的企业中所占比例不高，而在亏损巨大的企业中的比例却很高。研究者把这种比较差的业绩归结为以下几个原因。首先，亚洲发展水平依然落后于欧美等地区，尤其是在高增加值领域、高科技行业和强势品牌方面。而这些正是美国企业获得高额利润的领域。美国企业在这些领域处于主导地位，而亚洲企业在这些领域利润较低。这造成了三分之二的利润差距。其次，亚洲相对较低的利润表现背后的另一个原因是，未上市企业普遍存在。上市公司往往利润率更高，在全世界都是如此。麦肯锡公司对此得出如下结论："亚洲可以通过为这些企业解困获得数十亿美元的经济利润。"[50] 这类评价也在一定程度上适用于欧洲企业。

隐形冠军

到此为止，我们一直在关注大型企业。在美国，这些企业发挥了巨大的作用。美国的《财富》500 强企业占世界《财富》500

强企业收入的42%和利润的53%。[51] 在其他国家,大型企业的经济权重要小得多,而中小企业则相应发挥了更大的作用。德国就是这方面的一个典型。中小企业是支持该国成为世界上最大出口国之一的主要力量。因此,我们来仔细研究一下德国中小企业的盈利情况。

在国际比较中,德国企业普遍落后,平均净利润率为3.3%(如图2-2所示)。在2003年至2016年的企业利润调查中,德国央行得出了类似的结论。在调查收集的数据集中,平均净利润率为3.24%。跻身2019年《财富》500强的29家德国企业的平均利润率几乎与此相同,为3.25%,远低于《财富》500强的平均利润率6.19%。简而言之,德国企业在利润方面的表现是很差的。

然而,在德国中小企业中,有不少利润率很高的企业。我们将仔细研究的第一组(first group)是隐形冠军(hidden champion)。隐形冠军是指在全球市场排名前三或在本土市场排名第一,年销售额不到50亿美元,且不为公众所熟知的企业。[52] 德国有1 573家隐形冠军,占在全球发现的3 406家隐形冠军的46%。[53] 因此,德国的隐形冠军比任何其他国家要多得多。它们是德国中小企业的精英和"德国出口机器"的中坚力量。

自20世纪90年代初以来,我对这些隐形冠军进行了大量的研究。到2019年,其平均净利润率为8%,表现出色。这使得其盈利能力比德国一般企业高2.5倍,大约比《财富》500强企业的平均水平高25%。很明显,和其他企业相比,多年来德国隐形冠军的盈利能力出类拔萃。

尽管德国企业的利润普遍较低，但仍有一些利润之星可在国际比较中占据一席之地。26家净销售回报率（净利润率）均超过20%的企业如表2-2所示。[54]在这26家企业中，利润率差异很大。《财富》500强中只有6%的企业的利润率高于这一水平。在表2-2中，所有企业年销售额均低于10亿美元，属于真正的中小企业，其中有不少是隐形冠军，如Teamviewer、凯密特尔（Chemetall）、罗曼（Lohmann）、艾本德（Eppendorf）、普尔世（Puls）和RIB Software等。

表2-2 净销售回报率20%以上的德国利润之星部分名单

企业	行业	收入（百万欧元）	净利润（百万欧元）	净销售回报率（净利润率）(%)
Publity AG	房地产服务	34.6	14.9	43.1
CTS Eventim	票务	225	95.4	42.4
Teamviewer	远程屏幕控制	157	61.9	39.4
凯密特尔	化学涂料	188	59.8	31.8
Payback	返利系统	281	87.9	31.3
罗曼	经皮治疗系统	226	69.3	30.7
歌剧魅影	专业化妆品	25	7.5	30.0
艾本德	实验室设备	425	120.9	28.4
FTI Ticketshop	票务	15.4	4.3	27.9
普尔世	铁路电源供应	108	28.9	26.8
莱欣诺（Rational）	专业烹饪系统	491	129	26.3
Pulsion	医疗技术	25.6	6.7	26.2
朗格（Lange Uhren）	豪华手表	114	28.8	25.3
RIB Software	建筑软件	54	12.8	23.7
凌美（Lamy）	书写工具	112	26.0	23.2
Scout24	销售咨询	480	110.9	23.1
Buhl-Data-Service	软件	85	19.5	22.9

（续）

企业	行业	收入（百万欧元）	净利润（百万欧元）	净销售回报率（净利润率）(%)
依沃泰克（Evotec）	医药研发	375	84.1	22.4
Weng Fine Art	艺术品经销商	4.4	0.97	22.0
福克制药（Dr. Falk Pharma）	制药	324	71.4	22.0
Prisma Verlag	印刷媒体增刊	25.6	5.56	21.7
Motel One	酒店	487	104	21.4
马斯特-扎格米斯特（Mast-Jägermeister）	酒类	412	87.7	21.3
Horst Brandstatter Holding（Playmobil）	玩具	642	133	20.7
Scheubeck Holding（Reinhausen）	电子产品	745	151	20.3
Lotto 24	在线博彩	38.3	7.7	20.1

这里所揭示的是这一事实：这些中小型利润之星企业绝不仅限于医药、奢侈品等少数人们认为利润率很高的行业。事实上，它们来自各行各业。上市房地产服务公司 Publity AG 的净销售回报率（净利润率）最高，为 43.1%。表中还有专业烹饪系统的全球市场领导者莱欣诺、电子行业的普尔世和 Scheubeck Holding、返利系统提供商 Payback、软件和互联网企业（如 Teamviewer 和 Lotto 24）、票务代理 CTS Eventim、化学企业（凯密特尔）和连锁酒店（Motel One）。马斯特-扎格米斯特则是来自食品和杂货行业的利润之星。即使在危机四伏的印刷媒体行业，也有出版公司 Prisma Verlag 作为代表出现在表中。尽管规模不大，利润却很丰厚的 Weng Fine Art 则是上市公司。[55]

我想通过这些案例强调三点。第一，规模较小的企业也可以和大型企业一样获得高额利润。第二，即使在像德国这样的盈利环境相对疲弱的国家中，也确实存在利润率很高的企业。第三，表2-2中列出的企业表明，各种类型的行业都有可能获得很高的利润。特定行业的激烈竞争不能成为利润表现不佳的借口，原因总是可以归结到企业本身及其能力。我希望这一信息能鼓励其他国家的中小企业采用这些隐形冠军的方法，追求同样雄心勃勃的利润目标。

资产回报率

到此为止，我们在本章中比较了净利润率或净销售回报率。人们自然就会问，这是不是比较利润表现的重要指标。用股东权益回报率或资产回报率来对企业进行比较是不是更有意义呢？企业的所有者，即股东，难道不应该对股东权益回报率而不是销售回报率更感兴趣吗？如前所述，对于不同行业的企业进行比较，股东权益回报率或资产回报率绝对更有意义。从投资者角度来看，这样的比较也很有意义。

销售回报率（净利润率）、资产回报率和股东权益回报率是相互关联的。如果通过式（1-8）求解资产回报率，我们就会得到：

$$资产回报率 = 销售回报率 \times 资产周转率 \qquad (2-1)$$

如果资产周转率为1，则资产回报率等于销售回报率。资产周转率越高，资产回报率也就越高。沃尔玛每年的资产周转率为2.22次，因此其2.84%的销售回报率可以转换为6.30%的资产回报率。相比之下，像美国电话电报公司这样的资产密集型企业，每年的资产周转率仅为0.33次，销售回报率为7.67%，因此，其资产回报率为2.53%。苹果公司的资产周转率为0.77，这意味着基于21.2%的销售回报率，其资产回报率为16.3%。在这些企业中，每一个的收入结构和资本结构都非常不同。

然而，对于投资者而言，资产回报率不如股东权益回报率重要，因为股东权益回报率反映了投资者用自己的钱赚取的回报。从式（1-10）我们可以推导出以下关系。

$$股东权益回报率 = 销售回报率 \times 资产周转率 \times (1+负债权益比率) \quad (2\text{-}2)$$

负债权益比率在销售回报率和股东权益回报率之间的关系中起核心作用。如果资产周转率和负债权益比率都等于1，则股东权益回报率是销售回报率的2倍。如果负债权益比率为2，资产周转率为1，那么股东权益回报率是销售回报率的3倍。如果企业没有负债（这种情况很少见），并且资产周转率为1，则销售回报率和股东权益回报率相同。对于给定的销售回报率，负债权益比率越高，股东权益回报率就越高。

如果将这些关系应用于三家企业，我们就会得到以下负债权益比率和股东权益回报率：

	负债权益比率	股东权益回报率
沃尔玛	1.75	17.33%
美国电话电报公司	1.73	6.91%
苹果公司	1.12	34.65%

这些案例表明，企业之间的股东权益回报率差异很大。

在负债和股东权益的影响方面，德国是一个有趣的案例。德国企业的销售回报率（净利润率）为3.3%，低于国际标准。但德国企业的负债权益比率却很高，约为4。假设资产周转率为1，并应用式（2-2），我们就会得到16.5%的股东权益回报率。这一数字接近一项实证研究的结果。该研究报告称，德国企业的平均股东权益回报率为15.4%。[56] 这与美国（16.9%）和欧洲（12.9%）的股东权益回报率处于同一水平。[57]

因此，在股东权益回报率方面，德国商界似乎处于良好状态。这与其在销售回报率方面的表现形成鲜明对比。但这是由于其负债权益比率高，从而推高了股东权益回报率，但这也产生了负面影响：负债权益比率越高，风险就越高。与销售回报率相比，股东权益回报率方面令人满意的表现是通过承担更多风险"买来的"。[58]

然而，隐形冠军脱离了这种模式。它们25%的股东权益回报率明显高于15.4%的平均水平，但两者之间存在重要差异。隐形冠军的更高的股东权益回报率并不是更高的负债权益比率导致的结果。事实上，隐形冠军的负债权益比率为0.72。这意味着其主要通过股权融资。隐形冠军的高盈利能力来源于持续的创新、卓越的业绩和高昂的价格，而不是高负债权益比率。普遍的成本意识是中小企业的另一个特征，而这也对提高盈利能力做出了重大贡献。丰厚的利润构成了积累股权资本的基础，而这又减少了对债务的需求，从而降低了风险。

小　结

我们对利润的追求带来了许多意外情况。公众对企业的真正盈利情况存在重大误解。普通民众将净利润率高估了500%以上。这些误解在欧洲和美国都很普遍。

关于利润最引人注目的发现是不同国家、行业部门和个体企业之间存在的巨大差异。对于国家而言，当国家位于欧洲之外且税率较低时，净利润率往往较高。其他两个方面也是如此：国家经济规模越小，风险越大，净利润率往往就越高。

不同行业部门的净利润率也存在明显差异。研究密集型企业往往利润率较高，而零售和批发企业的利润率通常较低。

在世界上最大的企业中，少数利润之星占据了所有利润的大部分。《财富》500强企业利润的倾斜分布，可从6.19%的平均净利润率和3.68%的中位数的差异中明显观察到。更广泛地说，前1%的大企业赚取了大约三分之一的经济利润。大型企业的利润表现也动态地变化着。在短短几年内，企业从利润之星跌至垫底并不罕见。

大多数企业属于"平庸一族",平均净利润率只有2.3%。这些企业不能赚回加权平均资本成本,因此不产生任何经济利润。

利润分布的不平衡正在扩大。对于国家、行业和企业来说都是如此。美国的利润之星最多,而中国和日本三分之一的大型企业都是"平庸一族"。欧洲的亏损企业最多。但即便是在利润相对较低的地区,也能找到利润之星。对隐形冠军等德国中小企业的分析就说明了这一点。

对于投资者和贷款方而言,资产回报率或股东权益回报率等基于资本的利润指标可能比销售回报率更重要。销售回报率是计算这些基于资本利润指标的基础,但还需要了解资产周转率和负债权益比率。各种指标可能会导致企业利润排名不同,但还必须考虑风险水平。较高的负债权益比率会提高股东权益回报率,但同时也会带来更高的风险。

我们的结论是,我们观察到国家、行业部门和个体企业之间存在巨大且不断增加的利润差异。在第5章中,我们将详细探讨这些差异的原因以及战略性解决这些差异的方法。

第3章

目标

在这一章我们将讨论盈利和利润导向的经济问题。而在第4章我们将探讨利润的伦理问题。

所有经济活动都需要目标。[59] 或正如古罗马哲学家塞涅卡（Seneca）所说的那样："一个不知道目的港口在哪里的人，就永远找不到顺风！"为什么利润是引导和管理企业最明智甚至可能是唯一明智的目标？对于这一问题，有两个答案。

最简单和容易理解的答案是，利润是将经济活动的所有结果，无论收入还是成本，都一视同仁地考虑在内的唯一指标。企业的所有其他潜在目标，例如销量、市场份额或保住工作岗位，都只考虑经济活动的某些方面，因此，在用作企业目标时会有其局限性。[60] 我们至多可以视之为次要或临时目标，即便如此，我们也还应该设置诸如最低利润水平之类的以利润为导向的额外的约束或条件。

第二个答案来源于经济理论。经济理论对消费者和企业的行为进行了一些假设，其中包括理性、可以获取完整信息以及消费者最大化其效用的欲望等。这些假设模型导出了企业最大化利润的目标，而这一目标是市场经济的根本要素。

但利润目标的意义还远不止这些方面，它还会影响生存和维持现状的首要目标，尽管这一目标往往只是隐性的。彼得·德鲁克曾简要地描述过利润的这一关键作用："利润是生存的条件，是未来的成本，是继续经营的成本。"[61]

在第1章中，我们讲过可以把利润理解为"生存的成本"。任何期望保障企业未来的人都必须会计算这些"生存的成本"，并像力求收回所有其他成本那样收回生存的成本。[62] 因此，在计划和管理方面，我们绝不能简单地把利润视为剩余金额——最好在其数字前面是个正号——或仅仅是特定业务阶段结束时"锦上添花"的成果，而应将其视为企业必须承担的另一项成本。这就把利润转变成了衡量企业生存能力的指标。

理论与现实

导致利润最大化目标的经济模型和理论，与实践中实际发生的情况之间存在巨大鸿沟。当然，企业的真实目标比教科书中的理论陈述更为复杂多样。多数企业同时追求多个目标。研究人员和学术界人士已深入研究过往往会相互冲突的多个业务目标方面的课题。[63] 但此类努力并没对商业实践产生显著影响,至少没有产生我们在此关注的战略层面的影响。罗伯特·S.卡普兰(Robert S. Kaplan)和戴维·P.诺顿(David P. Norton)开发了平衡计分卡(BSC),试图通过综合性方法来管理多个目标。[64] 但大家并没有认为平衡计分卡是个成功的模型,很多企业运用后都发现效果不佳。有些作者对这些失败进行了解释,他们认为这种全面、综合的目标管理太复杂了。[65]

事实证明,区分短期目标和长期目标,一方面很重要,另一方面很困难。其中首要问题是,短期和长期确切是指多长时间?短期是一个月、一个季度还是一整年?而长期是5年、10年还是一辈子?而约翰·梅纳德·凯恩斯则认为:"从长远来说,我们都得死。"

有时候,零售业给我的印象是,短期就是"一天"。在职业生涯的早期,我为零售经理举办过多次管理研修班。每次研修班都在早上8点开始,我注意到参会者都非常焦躁不安,无一例外。上午9点,他们中很多人会离开会场,有些人则会在稍后的茶歇时间消失。我问发生了什么事情时,他们说:"前一天的营业结果会在上午9点出来,我需要看一下。"

上市公司必须发布季度报告。这让短期导向成了以季度为单位,关注季度结果。从1981年4月至2001年9月,在杰克·韦尔奇担任首席执行官期间,通用电气每个季度都会报告收入和利润增长情况。但如果不进行一定程度的"会计修饰",很难相信这个惯例还会存在。

还有一个极端的例子是，有些企业销售收入长期强劲增长，却没有赚到任何利润。其中最著名的例子是亚马逊。尽管金额很小，亚马逊第一次实现盈利，是在2001年的第四季度，公司成立后的第7年。亚马逊用了13年的时间，才让累计损益净额变成正数。然而，在2019年，亚马逊净利润达到了令人震惊的116亿美元。整个2019财年，亚马逊的累计利润"仅"为340亿美元左右，远低于比其迟两年成立的谷歌公司（现为字母表公司）的1 900亿美元的净利润。[66] 尽管如此，亚马逊的战略还是非常成功的。2021年初，亚马逊的市值达到了1.56万亿美元。

其后的例子是软件公司赛富时（Salesforce.com）。赛富时成立于1999年。2019财年的收入达到133亿美元。前20年的累计亏损为2.76亿美元，但在2021年1月，其市值达到了2 000亿美元，是其当时年收入的11倍多。共享办公空间提供商众创空间成立于2010年，2018年收入18亿美元，亏损19亿美元。在2018年之前，众创空间从未盈利过。有投资者不断投入资金时，这种情况是有可能发生的。仅日本的软银集团就向众创空间投资了100亿美元。这笔投资在2019年初的估值达470亿美元。其后在2019年11月，软银集团宣布将出售其在众创空间的46亿美元投资。[67]

这些例子表明，企业的目标在很大程度上取决于生命周期。短期损失，可能是几年，却可以与长期利润最大化的目标一致。但这种方法成功的先决条件是银行或投资者愿意确保企业保持充足的流动性。最终，长期利润目标必须放在优先地位。长期的利润导向与股东价值的概念在本质上是一致的，我们在后面会深入讨论。

实践中的目标

企业制定战略始于目标，从中可以衍生出管理各方面业务的具体目标。明确的目标及其产生的引导是专业化管理必不可少的要求。这说起来容易，而在实践中制定明确的战略目标却很困难。因为目标往往没有清晰明确地表达出来，有时这种情况会导致未明确的目标比明确的目标更受重视。

典型的企业目标有：

- **盈利能力**（利润、销售回报率、股东权益回报率、资产回报率、股东价值）：这是大多数企业都追求的利润目标，它们或多或少都是明确的。
- **销量和增长目标**（销量、市场份额、客户、收入或收入增长）：销量、收入和增长目标通常是长期利润最大化或股东价值增长的指标。多年来，大众汽车设定的是销量目标，即比丰田销售更多的汽车。在2000年左右的新经济时期，许多企业几乎只优先考虑这些目标。最近，销量增长或客户增长再次成为初创企业的重要目标。
- **财务目标**（流动性、信誉、负债）：这些目标对于资本可能不够充足的新企业或面临危机的企业有重要作用。

- **权力目标**（市场领导地位、市场主导地位、社会或政治影响力）：很多隐形冠军不仅追求市场领导地位这一目标，而且将其视为自己身份的一个要素。人们常说，谷歌想要主导其所进入的任何市场。在畅销书《从 0 到 1》（Zero to One）中，投资人士彼得·蒂尔（Peter Thiel）鼓励企业寻找它们有能力主导的利基市场，其最终目标是"先在一个特定的利基市场占据主导地位，然后扩展到相近市场。"[68] 从一开始，弗利克斯巴士（Flixbus）就确立并追求主导德国刚解除管制的长途巴士旅行市场的目标。打败竞争对手是管理者的一个普遍目标。根据我自己的经验，这样的目标在美国最为明显。其中的一个例子是西南航空（Southwest Airlines）。自成立以来，西南航空就一直在其飞行的所有航线上追求市场领导地位。

- **社会目标**（创造或保护就业、避免裁员或暂时解雇、提高员工满意度、支持社会公益事业、实现可持续性、实现气候目标）：基于各自的社会目标，有些企业有时会以低于成本的价格销售产品或服务，因为这样做它们可以不用裁员。在 2008~2009 年大衰退期间，很多企业，尤其是中小企业，都遵循了这一路线。这种做法和短期利润最大化正好背道而驰，但和长期的利润导向和股东价值导向绝对一致。例如，危机期间留住合格的员工可以让企业在危机结束后更快地恢复。

企业还可对自己的产品和服务进行交叉补贴，让原本买不起的客户群体也能享用自己的商品和服务。常见的例子有对学生和老人的折扣。有些制药企业的产品在贫穷国家比在富裕地区要便宜得多。巴塔哥尼亚公司（Patagonia）是一家户外服装和装备制造商，把生态可持续性作为企业使命的核心原则。巴塔哥尼亚公司把员工的时间、服务和1%以上的收入捐赠给世界各地的环保组织。总部位于荷兰的英格卡基金会（INGKA Foundation）是全球家具企业宜家的所有者。它只允许把资金投资于宜家或为慈善事业捐款。

目标会影响企业对管理工具的选择。追求增长目标时，企业可能会专注于创新或积极采取低价手段。通过削减成本或提高价格可以实现利润和其他财务目标。企业可通过发动价格战、控制销售渠道或取代竞争对手，实现权力目标。

目标冲突

实践中，大多数企业同时追求多个目标。其中有些目标，以及负责这些目标的职能部门，彼此冲突的情况并不少见。例如，利润目标可能与销量、收入或市场份额等目标不相容。这种优先事项相互冲突的情况是多数企业的日常现实。我曾经就业务进展情况问题询问过一家知名家电制造商的一位高层管理人员，他的回答很有启发性："我们的销售重点已经转移到价值更高的产品上。这对获取利润有利，但对员工不太好，因为我们的销量减少了。目前，我们的产能利用率目标和利润目标并不一致。"

图3-1解释了这种典型的困境。纵轴表示利润增长，而横轴表示销量增长。两条轴的交点表示现状。

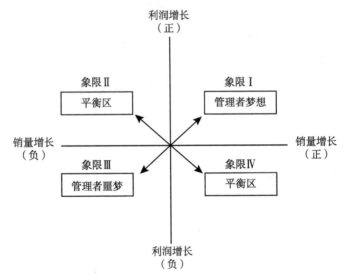

图3-1 利润增长与销量增长的目标冲突

象限Ⅰ是"管理者梦想"，因为利润和销量都在增长。管理者通常会低估达成这一象限的困难程度。最好的机会存在于强劲增长的市场，或单位成本随销量上升而下降的新产品。在成熟或没有增长的市场中，管理者梦想只有在企业降低原先过高的定价时才有可能实现。这样，价格下调会在一定程度上增加销量，如果超过弥补较低的单位边际贡献 ⊖（unit contribution margin）所需

⊖ 英文原文 contribution margin 的意思是贡献利润，由于国内译成"边际贡献"的情况较多，约定俗成，因此本书翻译也沿用"边际贡献"这一译法。——译者注

的水平，那么利润就提高了。

实践中，象限Ⅱ和Ⅳ中的情况最为常见。企业要么实现利润增长，要么实现销量增长，但不能同时实现。象限Ⅱ显示利润上升而销量下降。企业产品的当前价格高于最佳水平时，就会出现这种影响。提高价格会降低销量，不过较高的单位边际贡献会抵消销量降低的影响，并最终获取更高的利润。象限Ⅳ显示的是相反的情况，即利润下降而销量上升。在价格低于最佳水平时，就会发生这种情形。

管理者应该不惜一切代价避免象限Ⅲ情形的发生。如果价格已经过高，企业却还要涨价时，就会陷入"管理者噩梦"。这样做会导致销量和利润同时下跌。如果盲目遵循成本加成（cost-plus）的定价方法，就会出现这种情况。

销量和市场份额目标

无论是在学术和商业文献中，还是在实践中，销量，尤其是市场份额目标都会发挥重要作用。这些目标对于制订计划是必不可少的。没有销量目标，企业就无法正确制订计划和合理分配产能。销量目标对于物流计划和渠道分销也是非常必要的。为销量和市场份额设定雄心勃勃的明确目标，也是激励销售人员的有效方式。但这些方面只能部分解释销量和市场份额目标的流行程度。还有很多其他理由说明这些目标很重要，其中有些几乎是不可违背的自然法则。

对市场份额目标重要性的最知名的解释可以追溯到 PIMS 研究。PIMS 表示市场战略的利润影响（Profit Impact of Market Strategy），图 3-2 揭示了其最重要的见解。[69] 根据这一研究结果，市场份额与回报率之间存在明显的正相关关系。市场领导者获取的税前投资回报率（ROI）是其最小竞争对手回报率的 3 倍多。战略方面的结论似乎也很明确：争取尽可能高的市场份额，成为利润最高的市场领导者！

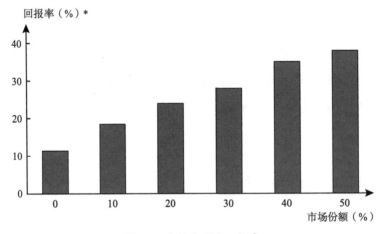

图3-2　市场份额和回报率

＊税前投资回报率

第二个对追求高销量和市场份额的解释源于经验曲线的概念。这一概念表明，企业的成本状况是其相对市场份额的函数，相对市场份额指自己的市场份额除以最强竞争对手的市场份额。经验曲线表明，企业相对市场份额越大，其单位成本就会越低。假设市场领导者与其竞争对手的产品定价相同，市场领导者就具有市场最低的成本，因此就能获得最高的利润。

PIMS 研究和经验曲线是所有市场份额理念之源。从 1981 年至 2001 年担任通用电气首席执行官的杰克·韦尔奇是其最杰出的倡导者。在上任之初，他就宣布通用电气退出那些无法做到行业内数一数二水平的所有业务。

这里的核心问题是，市场份额和盈利能力之间是存在有效的因果关系，还是仅仅相关。最近的研究对图 3-2 所示的因果关系是否确实存在表示怀疑。但无论如何，较新的研究结果表明，市场份额和回报率之间的联系比 PIMS 研究得出的联系要弱。法里斯（Farris）和摩尔（Moore）的研究结论是："如果在计量模型中移除没有观测到的因素的影响，市场份额对盈利能力的剩下的影响就会很小。"[70] 这些"没有观测到"的影响因素包括管理能力、企业结构和存在可持续竞争优势。其中一位研究者这样解释："尽管高市场份额本身并不会提高盈利能力，但确实能让企业采取某些对市场份额低的企业来说不可行的盈利措施。"[71] 研究者的意思是，市场份额更高并不能自动提高回报率，但确实为大企业提供了小企业无法获取的机会。一个例子是获取重要分销渠道。另一项研究的结论是，企业绝对规模的大小对其盈利能力的贡献不超过 50%。在提高投资回报率方面，其他因素可能发挥更重要的作用："虽然典型企业的绝对规模对盈利很重要，但也许还有更为重要的其他因素。"[72]

埃德林（Edeling）和希姆（Himme）发表了一篇关于市场份额和利润之间联系的综合性元分析的文章。[73] 他们计算了 635 个业务单元的市场份额利润弹性。这些弹性反映了在市场份额增加1%时利润的百分比变化。平均弹性为0.159，很低但仍明显有别于零。这告诉了我们什么？假设企业占据了50%的市场份额，利润率为10%。如果市场份额增加1%到50.5%，则利润率会提高至10.0159%。如果市场份额增加10%到55%，则利润率会提高至10.159%。在随后的分析中，埃德林消除了方法所引起的扭曲，得出略负但统计上仍有显著意义的市场份额利润弹性为 −0.052。[74] 这样的结果对"市场份额就是一切"的理念提出了质疑。

数字化

当前的一个重要问题是，数字化如何影响市场份额和利润之间的相互作用。这种情况下，有时候，彼此矛盾的不同因素开始发挥作用。网络效应给大型供应商带来了优势。同时，规模经济和经验曲线效应可能变得不那么重要，因为边际成本已经最小。客户因能获取更充分的信息而变得更明智，企业的竞争变得更加激烈。一个特殊的利基市场，即所谓的"长尾市场"，因为互联网的存在而更容易抵达。个性化程度增加，分销成本下降。所谓的"超星理论"（Superstar Theory）意味着利润将集中到少数供应商手中。

目前有一项研究，旨在分析市场份额对标准普尔指数中91家"数字化程度较高"的企业和116家"数字化程度较低"的企业财务绩效的影响。[75] 在数据集中包括了从1998年到2017年的

2 497个观测值。研究者提出了有些令人吃惊的发现。和传统行业相比，数字化行业的市场份额对财务绩效的影响不仅更小，而且市场份额的利润率弹性实际上略为负值，尽管并不显著。在中度或高度集中的数字化行业中，弹性显著为负。研究者认为："在高度集中的数字化行业，高度关注市场份额可能会对企业的业绩带来负面的影响。管理者应该直接关注利润，而不是诸如市场份额之类的市场导向目标。"[76]

竞争导向

诸如主导地位或"打败竞争对手"之类的竞争导向目标，是如何影响利润的？兰齐洛蒂（Lanzillotti）发现，追求竞争导向的目标对利润率有负面影响。[77] 阿姆斯特朗（Armstrong）和格林（Green）得出一个更为简单的结论："竞争导向的目标是有害的。但这些证据对学术研究的影响不大，基本上被管理者忽视了。"[78] 雷戈（Rego）、摩根（Morgan）和福内尔（Fornell）的一项研究还发现了竞争导向目标与企业盈利能力之间负相关的实证迹象（empirical indications）。[79] 这些研究只是分析市场份额目标、经验曲线或基于"波士顿"矩阵的投资组合管理的影响的众多研究的一小部分。在《市场份额的神话》（*The Myth of Market Share*）一书中，弥尼特（Miniter）提出了反对市场份额目标占主导地位的其他论据。[80]

简而言之，追求基于销量、市场份额或损害竞争对手的目标，尤其是在竞争高度激烈或饱和的市场中，是有问题的。这可能会阻碍企业充分挖掘利润潜力。

重要的是在市场份额背后的"如何做？"的问题，比如，"如何实现这一目标？"。在我看来，市场占有率的绝对水平本身并不是最重要的，更重要的是企业如何获取这样的市场份额。如果企业通过极低的价格，而又没有相应的降低成本的手段来建立其强大的市场地位，那就是以牺牲利润为代价来"购买"市场份额。在说"额外投资加速价值破坏"时，塞斯佩德斯（Cespedes）明确指出了市场份额增长和负的经济利润整合在一起可能带来的危险。[81]而相反地，如果企业以适当的价格，通过创新和质量来获取较高的市场份额，那么利润和利润率就应该是健康的。此外，高利润使企业能在创新和产品质量方面进行新的投资。对市场份额和盈利能力之间联系的最新研究证实了这一策略。通过开发新的服务、产品或技术，或通过并购的方式来追求市场份额，企业就可以提高盈利能力。[82]

在各个目标的短期和长期影响之间取得平衡仍很困难。增加市场份额的激进措施可能导致短期利润的下跌，但也可能重新调整市场，实现更高的长期利润。平衡利润增长和销量增长这两个目标的必要性不言而喻。在市场或产品生命周期的早期阶段，即使不是必须，通常我们也会建议更强调数量、收入或市场份额方面的目标。在产品生命周期的成熟阶段，利润目标应放在首位。而在产品生命周期的最后阶段，利润目标可能会变为极端的短期导向。这被称为收割战略（harvest strategy）。

利润目标

利润可用绝对值形式来衡量，也可用利润率或回报率等百分比形式来衡量。在第1章，我们讲过有很多不同的利润率指标，如股东权益回报率、资产回报率或销售回报率。哪种利润指标最适合企业，取决于当时的情况以及需要做出的决策的性质。

如果必须在特定的背景或框架内最大化利润，那么用绝对值形式来衡量利润目标最好。已经做好有关投资资本结构的其他决策时，就会出现这种情形。在这种情况下，企业只需要对价格、生产、销量和成本等参数进行计划来实现利润最大化。

如果企业根据利润率或回报率设定目标，那么就不仅需要监控分子，还需要监控分母。最大化销售回报率可产生与最大化绝对利润不同的结果。在前一种情况下，企业将努力实现计划项目，使每一美元的收入都能够产生最高的利润。提高收入会降低销售回报率，这表明如果企业想要严格坚持最大化销售回报率的目标，就不可避免地要放弃一些项目，即便从绝对值上看这些项目仍有利可图。

在100年前，就有人提出把最大化股东权益回报率作为一个重要的目标。[83] 如果把重点放在投资上，这是有道理的。这适用于工业企业，也适用于股票市场的私人投资者。假设所感知的风险没有差异，投资者会把资金投到承诺让每一美元都获得最高的投资回报的证券上。工业企业也是一样的。它们会把稀缺资源投入到会带来最高股东权益回报率的项目中。对于银行来说，股东权益回报率是最重要的利润指标。通常，股东权益占银行总资产的10%左右。这表明，如果银行的资产回报率为2%，则其可转化为20%的股东权益回报率。但在这一计算中，我们还应注意到分母。在给定资产回报率的情况下，股东权益回报率将取决于股东权益比率。如果银行把股东权益比率降低至总资产的8%，则在其他条件不变的情况下，其股东权益回报率将上升到25%。相反，如果股东权益比率提高到12%，股东权益回报率就会下降到16.7%。但正如我们在第1章中所解释的那样，股东权益负债率的变化会影响风险水平。因此，如果设定股东权益回报率目标，我们所做的决策就不仅要考虑利润最大化，而且要考虑企业的融资和风险结构。

长期利润最大化

长期利润最大化最终归结为一个问题：企业愿意牺牲多少短期利润来换取更高的长期利润？从单纯的回报率来看，这一问题可用现金流折现来回答。但要预测未来的销量、价格和成本，在现实中就会遇到很大的困难。另一个困难是，各种相互关系在未来如何很难量化。获取客户就是这么一个例子。如果企业今天用货币激励来吸引客户，这些客户在三五年后会带来多少利润？最大化长期利润总是取决于各种预测，并且这些预测延伸至未来的时间长度越长，所包含的不确定性就越大。撇脂定价或渗透定价等价格策略就能说明这种困境。撇脂定价策略强调短期的利润导向。与之相反，渗透定价策略则是在产品引入阶段设定低价，以获取一定的市场份额，而这可能在未来产生较高的利润。但在产品生命周期的早期，我们并不能确定未来能否达到这些期望。

另一个重要问题是愿意投入多少来留住客户。丽思卡尔顿酒店（Ritz Carlton）的创始人霍斯特·舒尔茨（Horst Schulz）授权每位员工最高允许花费 2 000 美元，以确保客人满意。舒尔茨说："我宣布这项政策时，同行差点晕倒。"于是，舒尔茨告诉他们："要知道，商务旅客一生中在住宿方面的平均花费会超过 10 万美元。我非常愿意用 2 000 美元的风险，让他们再次入住我们品牌的酒店。"[84]

过去几十年的经验告诉我，根本就没有一套非常清晰的行动方案或明确的路线图来确保长期利润导向能取得成功。其实，管理层的主观估计和评价发挥了主导作用。

股东价值

长期利润导向和阿尔弗雷德·拉帕波特（Alfred Rappaport）在 1986 年提出的股东价值的概念在本质上是一致的。[85] 公司股东的价值以股息和股价上涨的形式获取。按照股东价值的概念，管理层的核心目标以及衡量成功的标准，就是股东的长期致富，而这在本质上和长期利润最大化是一样的。从这一意义上说，这一概念已被商业界广泛接受。在 1998 年出版的书的第 2 版的前言中，拉帕波特指出："公司董事会和首席执行官几乎普遍接受股东价值最大化的理念。"[86]

股东价值的最重要驱动因素是利润和取决于企业成熟度的收入、自由现金流、销量或客户数量的增长。对于早期的企业来说，重点通常是企业的成长。中国咖啡连锁店瑞幸（Luckin）咖啡的战略负责人杨飞用一句话就很好地抓住了这种情绪："我们现在要的是规模和速度。谈论利润目前没有任何意义。"[87] 瑞幸咖啡已经宣布，其目标是在一年内开设2 500家新店，并把星巴克赶下中国第一的位置。同样，YouTube的首席执行官苏珊·沃西基（Susan Wojcicki）也简洁快速地回答了"利润是否优先考虑？"的问题："增长是重中之重。"[88]

这种对客户、销量或收入增长非常专注的渴望背后，无非希望这种增长会成为更高的长期利润的源泉。这绝不是新现象。世纪之交的新经济时期，以牺牲利润为代价，强调增长的做法达到了极致。对很多初创企业来说，唯一的目标就是获取更多的客户，实际销量并不重要，而利润则被嘲讽为会破坏企业发展前景的东西。

但这些超支的账单很快就到期了。2000年3月10日，纳斯达克综合指数达到最高点5 048点，到2002年10月跌至1 380点，跌幅高达73%。有些公司的股价跌幅更大，科技设备制造商思科的股价下跌了86%。而德国股市的走向甚至更糟。"新市场"指数NEMAX从1997年12月31日的1 000点上涨到2000年3月10日的9 666点。随后短短几个月内，就损失了95%以上的价值。

而到2002年10月9日，仅以可怜的318点收盘。2003年6月5日，NEMAX关闭，随之而来的是数千亿美元的股东价值化为乌有。

类似的扭曲现象似乎再次出现，尤其是在美国和中国市场，因为有些人正以牺牲短期利润为代价来追求极端增长。他们引用低资本成本来证明自己的主张，表示未来的利润不会像在高利率环境中那样大幅折现。在低利率背景下，他们相信这样的理由："通过增长来获取未来更高的收入超过了今天多赚几个美元的价值。"[89]

尽管出现了巨额亏损，并且距离盈利还很远，很多最近上市的公司都获得了非常高的估值。在2019年5月上市的拼车服务公司优步就是这方面的一个例子。尽管每季度亏损11亿美元，但市值达到了750亿美元。中国自行车租赁市场是另一个增长预期极端乐观的例子。在大量资本的支持下，约40家企业进入了这一新市场，并在中国的大城市中投放了数亿辆自行车。租一辆自行车的费用为每小时8~14美分，但这些费用通常会被免除。在有些情况下，价格竟然是负的。这意味着企业向租用自行车的客户支付费用。[90]唯一目标是增加客户数量。这些企业都没有盈利，其中大部分已经破产。目前还不清楚这项业务是不是有可能持续获取利润，而这种情况并不只发生在中国。

今天，股东价值是一个有争议的话题。争议往往把股东价值和所谓的"利益相关者价值"定位为相互矛盾的概念。[91]利益相关者是在企业命运中发挥作用的所有相关方，包括员工、供应商、银行、政府（当地、州、国家），在有些情况下，还包括整个社会。股东价值是长期利润导向而非短期利润最大化,这一概念的优越性已经得到科学证实。哥伦比亚大学研究人员密兹克(Mizik)和雅各布森(Jacobson)发现,短期利润最大化会显著降低企业的市场价值,幅度达到大约 20%:"通过短期调整来提高收入的企业,从长期而言,会导致利润的损失。市值在 4 年后会下降 20% 以上。"[92] 在下一章"利润的伦理"中,我们将深入探讨股东价值这一备受争议的概念。

目标和激励

企业家、企业主或管理者自身的地位决定了他追求的目标。对其经济激励就是利润,更确切地说是股东价值,不需要其他的激励措施。但在所有权方面,各种激励措施的实施可能会有所不同。股份可以具有不同的投票权或分配权,如可以分成 A、B 和 C 等类别的股份。

如果企业由持有很少或根本没有股权的员工管理时,就会出现一个截然不同的问题。在这种情况下,企业必须确保所有者的目标与管理者的目标尽可能一致。这一问题并不是 20 世纪的现代发明。早在 1868 年,阿尔韦德·艾明豪斯(Arwed Emminghaus)就提出了这一问题,并建议管理者应在自己所带来的企业利润和亏损中有一定的利益关系。[93] 如今几乎所有大型企业都有针对管理者的激励机制。[94] 很多激励机制都提供股票期权。但很多股票期权模式并没能让所有者和管理者的目标保持一致,因为会导致不对称的激励。事实证明，建立并保持不同目标的一致性很难实现，并且经常会出现意想不到的结果。

然而，保持目标一致性的问题并不限于管理者，还存在于企业员工赚取不同薪酬的任何部门。这适用于投资银行家，这些人可能会根据交易的成功程度获得相应的巨额奖金。这也适用于销售人员，他们的佣金通常与自己所创造的收入直接挂钩。但在所有这些情形中，都存在这样一种风险，即激励措施可能不会促进利润提高，而是导致了另外一个目标的实现。

小 结

利润最重要，也是企业唯一明智的最终目标，因为它是包含企业经济活动全部后果的唯一衡量标准。同时，它需要考虑收入和成本两个方面。在一定条件下，我们应以绝对利润为目标。在资金稀缺时，则应采用基于资产回报率的指标。这些指标包括一个分子，即企业选择的利润衡量标准；一个分母，即股东权益、资产。分母在最大化回报率方面发挥重要作用，调整分母会影响企业的资本和风险结构。

实践中，企业通常会追求多个目标。利润之外的目标通常还包括销量、收入或市场份额。这些额外的目标在销量计划、销售人员激励或上市准备中发挥重要作用。它们通常用作长期利润最大化的代理变量（proxy variable）。但这些代理变量与实际长期利润之间的真正联系尚不确定。诸如 PIMS 和经验曲线之类的概念受到了更密切的审视，如今受到了质疑。市场份额的大小并不是很重要，重要的是如何实现。最近的一项研究甚至挑战了长期以来对规模经济优势的看法。[95] 最终，与股东价值概念相对应的长期利润导向似乎是最明智的目标。

第4章

利润的伦理

这一章也可以用"利润和市场经济"为标题。我不过多涉及伦理、道德或哲学理念方面的一般性问题,而是专注于利润相关的经济方面的问题。盈利是市场经济不可或缺的有机组成部分,但企业应在具体法律框架内实现盈利。然而,在很多国家,政府会通过征税和社会措施来"纠正"市场对利润的分配。

虽然实现盈利的期望和前景不是培养创新、创建企业、提高效率、实现增长和创造工作机会的唯一激励因素,却是最重要的激励因素。我们曾多次提到利润是企业长期生存的先决条件。从长远看,没有利润就没有流动性。持续亏损会不可避免地导致企业破产,摧毁工作岗位,造成债务违约和税收流失。

市场经济的优越性

在相关著述中，雷纳·齐特尔曼（Rainer Zitelmann）为市场经济的优越性提供了全面而有说服力的例证。[96] 他没有依靠理论论证，而是通过实证和历史分析来比较计划经济制度和市场经济制度产生的结果。他对比了智利和委内瑞拉、韩国和朝鲜以及联邦德国与民主德国。只要能够客观公正地看待这段历史，没有人会严肃认真地质疑市场经济的优越性。市场经济一次又一次地证明了自己是个极为高效的财富创造体系。放眼未来，尤其是在经济增长和应对气候变化挑战方面，我相信市场经济的力量。一位经济史学家写道："呼吁一个自我约束而不是增长的未来，如果不是幻想，那要么是出于善意的个人建议，要么是考虑不周的社会政治愿景。一个经济体应如何否定自己可能永远不会发生甚至不可能发生的事情？只要人口增长和技术变革所造成的问题继续存在，在政治稳定的情况下，市场经济也会持续下去，因为它已展现出了解决问题的最大弹性。实际的风险因素不是市场经济，而是原则性政策，它寻求最终解决方案，却只能找到过渡性或临时性解决方案。"[97]

在这里，我并不打算深入探讨经济体系的根本性问题。我不会幻想自己可以影响市场经济坚定反对者的意见。在大多数情况下，这种反对是受情绪驱动的，而这些情绪可能比有历史事实支持的理性分析更为强烈。同时，我承认情绪在我对市场经济的态度中也发挥了作用。我是一个"被情绪说服"的市场经济学家。

如果问为什么市场经济是这样的"效率机器",我们就必然会得出利润动机这一结论。在利润动机(即利润最大化)的驱动下,组织应以最少的资源支出,即以尽可能少的资源浪费或"闲置",来创造一定水平的绩效。换句话说,在给定资源的情况下,组织应力求最高的绩效水平。现实中,这两种观点密切相关。表示利润最大化的条件,最好的方式是"边际收入=边际成本"。利润最大化就是浪费最小化。从这一意义上讲,我们需要节约而不是浪费资源,从而实现最优的财富创造。最终,一个社会只能分配其所创造的财富。

毋庸置疑,人们并不总是认为市场经济的财富分配是公平的,有些人从不认为是公平的。这就是为什么几乎在所有国家,政府都会大规模干预财富分配。在这种情况下,人们会谈到德国的"社会市场经济"。在市场收入层面,德国的收入分配的基尼系数为0.51,和美国的基尼系数几乎一样。[98] 但在德国,"由于政府的再分配,包括社会保障缴费、所得税和转移支付,收入差距被缩小了近42%"。[99] 这样一来,德国的净收入基尼系数降到了0.29。这表示相对于其他国家,德国的收入分配相当合理。在美国,相应的基尼系数为0.39。

在概念上,我们需要对财富创造和分配这两种效应予以区别。利润驱动的追求有利于最大限度地创造财富,但财富分配水平不一定是社会期望的。这取决于政治干预和财富或收入的再分配。但如果政府的纠正措施做得太过,就会抑制利润动机,从而减少财富创造。计划经济制度通过实践证明了这种因果关系的存在，并且这种关系是很强的。在政治上，财富再分配是个永恒的争议主题，但是收入分配的社会公平问题不是本书讨论的主题。

在1947年出版的一本书中，阿尔弗雷德·米勒-阿尔玛克（Alfred Müller-Armack）教授强烈支持个人自由，却同时要求社会解决问题。他的理由超出了纯粹经济方面的因素："就个人自由而言，即使其经济产出低于计划经济，市场经济也仍然更为可取。虽然还没有归结到这一点，但似乎有必要指出，经济秩序的最终标准还在于精神层面，而不仅仅是经济层面。"[100] 换句话说，利润导向的根源要比纯粹经济因素深。利润导向是市场经济高生产率背后的决定性因素。没有利润，我们就不可能达到今天所享有的财富标准。

利润与自由

市场经济的一个令人愉快的伦理道德方面的影响是利润带来自由。产生利润的企业所有者降低了对银行、客户和供应商的依赖。他们可以自行决定如何处理自己的利润。他们可以分配利润，再投资到现有业务，建立新的企业，或把它们捐赠给自己所选择的事业或慈善机构。利润赋予自由，反之亦然。亏损的企业主会失去自由和自主权。银行会限制企业家的自由活动空间，企业则越来越依赖于每一个订单或工作。员工担心失去工作，工作氛围恶化。资不抵债时，企业所有者的自由及其企业行将终结，法院指定的受托人会接管控制权。这一结果让很多企业家身无分文，彻底破产。

利润还为组织内的管理人员创造了自由。在收购通用汽车的欧宝时，法意汽车制造商斯特兰蒂斯的首席执行官卡洛斯·塔瓦雷斯（Carlos Tavaros）表达了这一意思："利润越高，自由越多。"[101] 以其名字命名的世界组装产品市场领导者的创始人赖因霍尔德·伍尔特（Reinhold Würth）也有类似感觉："成功越大，自由越多。"

如果用景气时期所产生的利润，为不景气时期建立储备，企业所有者和企业就能获得额外的自由度。这些储备对周期性企业的生存至关重要。只是根据年利润指标来评估此类企业是有问题的。我们只有观察可能持续数年的整个商业周期，才能评估真正的盈利情况。

利润、道德和体面

在市场经济中，企业及其所有者负有赢利的责任。1976年获得诺贝尔经济学奖的米尔顿·弗里德曼（Milton Friedman）明确地指出了这一点。他写道："企业的社会责任就是赢利。"[102] 从2010年至2020年担任哈佛商学院院长的尼汀·诺瑞亚（Nitin Nohria）曾告诉我："企业领导者的首要道德责任就是赢利。"[103] 他详细解释道，如果企业领导者不赚取利润，企业就只会消耗资源，而不会增加价值。亏损就是毁灭价值。

彼得·德鲁克也曾以类似的方式描述过这种责任："利润和社会责任之间没有冲突。不是能够获取足够利润来抵消其真正的资本成本、应对未来的风险以及满足未来工人和领取养老金人员需求的企业在剥削社会，而是没做到这些的企业在剥削社会。"[104] 即使耶稣会士、天主教社会教义的教授和思想领袖、资本主义的公开批评者奥斯瓦尔德·冯·内尔-布罗伊宁（Oswald von Nell-Breuning）也坚信，只有经济繁荣和利润才能确保工人阶级的安全。[105] 韩国的 Pil Hwa Yoo 教授写道："不充分关注利润的社会成本正在增加。韩国的造船业和航运业曾是闪亮的明星行业。如今，情况却很糟。一个主要原因是过分强调以牺牲利润为代价来获取市场份额。"[106] 以其名字命名的世界汽车喷漆系统市场领导者的主要股东海因茨·杜尔（Heinz Dürr）也表达了同样的看法："企业只有赢利时才是社会的。"[107] 人们可以反过来说，亏损的企业是对社会有害的。利润为社会做贡献，而亏损则从社会窃取财富。

我们可以为企业规定道德准则吗？企业治理和资本市场伦理学专家西奥多·鲍姆斯（Theodor Baums）教授发现，"企业必须遵守法律，但所有在法律之上和之外的其他要求都是理论上讲讲的。康德的绝对命令，即'希望所有其他理性人都像遵循普遍法则那样行动'，很难用来制约企业的行为。原因在于企业本就应做一些不适用于他人或不被模仿的特殊或独特的事情"。[108]

企业社会责任

企业社会责任（CSR）涵盖方方面面，从对员工慷慨到多元化和包容性、气候保护、促进发展项目或支持政治事业等。那么，为什么企业要履行企业社会责任？这一问题有很多的答案。第一，在自由市场经济中，企业家可以自主选择是否支持和追求这些事业。他们可以在法律允许的范围内，把这些目标整合到自己的正常业务活动中。他们还可以选择把只属于他们自己的那部分利润用来支持自己所选择的事业。第二，也是我喜欢的说法，因为没有把商业活动与慈善事业混为一谈。宜家就是这方面的一个例子。持有宜家多数股份的英格卡基金会只能用利润来做两件事：再投资到宜家，或将其捐赠给基金会章程中规定的事业。[109]

企业履行企业社会责任的另一个原因是其自身利益。它们认为这些活动是有利的，尽管短期不一定是有利的，但符合长期利润最大化的目标。如果相关活动让企业对潜在员工更具吸引力，提高员工保留率和忠诚度，减少病假，并提高品牌声誉或企业的社会认可度，那么长期利润的改善，肯定会抵消企业社会责任方面的短期投资。

ESG 评级（ESG 代表公司环境、社会和公司治理）对融资的影响越来越重要。贝莱德（BlackRock，亦称"黑岩"）之类的大型投资企业，在做投资决策时，已经加强了对这些评级的关注。得分低的企业融资条件较差，或者会面临难以满足其对融资方要求的困难。

人们惊讶地发现，在年度报告中，有大量篇幅介绍企业对此类事业所做的贡献，以及为此提供的大量具体信息。企业使命陈述和高层管理人员的公开声明中也展示了这些立场。博世家族发言人克里斯托夫·博世[110]（Christof Bosch）曾表示："作为一家企业，帮助找到重大生态问题的答案是我们的职责。"[111] 从2020年起，"博世在全球的400个分支机构都不应再留下碳足迹"，尽管这些努力会额外花费10亿欧元。[112]

当然，关于企业价值观和使命的陈述可用作很好的广告和品牌信息。在一份报告中，众创空间创始人亚当·诺伊曼（Adam Neumann）写道，在美国的初创企业圈子中，把自己描绘成致力于改善世界会比较合适。科技行业的企业尤其喜欢谈论自己如何履行为人类服务的使命。[113] 众创空间的使命是"提升世界的意识"。[114] 此类说法看似夸大其词，但在一定程度上也是为了吸引眼球。如果企业能支持改善世界的使命，那么就可以在沟通中使用。事实上，大多数成功的创新确实为改善世界做出了贡献。这是它们成功的原因，并会得到利润的回报。在著作《共同利益：企业、政府和非营利组织的战略选择》（*Advancing the Common Good*）中，营销大师菲利普·科特勒（Philip Kotler）坚决认为，在市场经济中，在共同利益与企业的长期利润导向之间绝不存在导致根本性矛盾的理由。[115] 事实上，泰勒·考恩（Tyler Cowen）把利润最大化视为此类行为的根源，他写道："单单是利润最大化，更不用说有些首席执行官的良知，就在促使当今企业追求包容和宽容。"[116] 他还强调，企业家和企业领导者不会像政客那样持有极端的观点。

利润导向的批评者，尤其是利润最大化和股东价值概念的批评者，声称企业的这些目标导致对工人的盘剥、童工现象、环境破坏、对供应商和客户的压价、利用垄断地位的剥削、放高利贷以及类似的畸形行为。我不会天真地相信，利润导向没有任何副作用。腐败、欺诈和敲诈勒索时有发生。大众排放门（diesel scandal）或富国银行"账户欺诈丑闻"就是最近的几个例子。此类丑闻一次又一次动摇人们对企业领导者的信任。有时候，企业的不当行为会引发客户、合作伙伴、执法机构或政策制定者的强烈反应。他们甚至会让一家企业彻底垮台。回想一下2001年的安然事件，不仅摧毁了安然本身，还摧毁了曾有8.5万名员工的全球领先的会计师事务所安达信（Arthur Andersen）。

互联网的作用

互联网在规范企业道德行为中发挥着越来越重要的作用。这是一条双向通道，特别是考虑到客户具有了惩罚违反道德规范企业的能力。考恩评论说："随着互联网和社交媒体的兴起，企业越来越有动力诚信行事。这是因为不道德的商业行为会导致严重的声誉损失。"[117] 相反，诚实正直的行为会得到消费者的正面反馈，尽管这些反馈往往不太明显。西蒙顾和管理咨询公司对23个国家和地区的6 400名受访者进行的一项研究表明，消费者评级是第三重要的购买标准，71%的受访者表示这些评级对他们很重要。[118]

企业家和管理者也是人，有正直诚实的，也有无道德原则的。我不知道这两类人中的某一类的百分比是否高于普通人的平均水平。但在我前面所引用的书中，齐特尔曼提供了令人信服的证据，证明市场经济造成的附带损害（collateral damage）要小于其他经济体系，尤其是计划经济体系。[119] 这适用于腐败方面，也适用于环境破坏、质量低劣、事故频发、员工安全和其他类似问题。

现实世界总是与理想世界不同，而这一道理同样适用于利润和体面（decency）。我们该如何把这两个概念整合起来？在1919年至1942年间担任哈佛商学院院长的华莱士·布雷特·多纳姆（Wallace Brett Donham）用了一个经典的表述来回答这一问题："我们希望培养出能够体面地赚取适当利润的领导者。"[120] 多纳姆不是讲最大的利润，而是讲适当的利润。但他既没有给出具体指标，也没有量化"适当"的含义。不过凭直觉，每个人都会明白他的意思。罗伯特·博世（Robert Bosch）（1861—1942）也有类似的表述："从长远看，正直诚实的管理风格是最有用的，商界对此的尊重超出了人们的想象。"[121] 制药巨头诺华公司（Novartis）的首席执行官万思瀚（Vasant Narasimhan）对道德和利润如何排序的意见很明确。他说："我希望人们用最高的道德标准来衡量我们。任何利润或收入目标都不值得让我们违背这些标准。"[122]

我只能支持这样的说法。但在这里，我必须说，我不是那种会用道德标准来为难企业家和管理者的人，更不用说对他们提出要求了。在《价格哲学》（Philosophy of Price）一文中，我对多个概念进行了探讨，其中包括公平价格的概念。这一概念可追溯到托马斯·阿奎那（Thomas Aquinas）。这一概念变得非常清晰，而且对很多高度创新的药品（包括诺华公司的一些药品）也很重要。此类药品可以通过一次注射就根除以前无法治愈的疾病，但每次注射的成本即使不是数百万美元，也可能达到数十万美元。于是，我有了这一结论："公平价格的概念可以追溯到托马斯·阿奎那，但在今天，被认为已经过时，至少对于竞争市场而言是这样的。但有时候还存在一些问题，如垄断或紧急状况。我们无从知道，在这种情况下，公平价格到底是什么。"[123] 这一例子说明，涉及利润与道德之间关系时，我们应该谨慎对待一般化和笼统的判断。

利润有道德问题吗

高利润有道德问题吗？在 2005 年至 2009 年间进行的 4 次调查中，德国银行业协会提出了这一问题。调查结果如图 4-1 所示。[124]

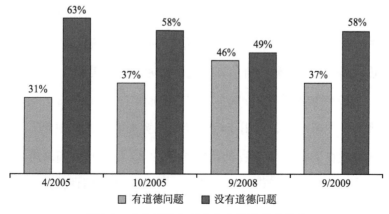

图4-1　对高利润是否存在道德问题的看法

在这4次调查中，平均约有38%的受访者认为高利润存在道德问题。但如果反过来解释，这表明几乎三分之二的德国人（62%）并不认为高利润有什么道德问题。我会让数据说话，并约束自己的另外一个评论：利润是否有道德问题，更多地归结为如何获取利润，而不是利润有多高的问题。例如，苹果公司通过其智能手机iPhone赚取了极高的利润，在道德上是否有问题？我保留自己的判断。

但我们不能否认，从伦理角度看，在产生突破性创新的行业部门，的确存在一些微妙和困难的情况。创新的救命药物对企业和整个社会提出了严峻的道德挑战。替沙来塞（Kymriah）是诺华公司发明的一种基因疗法药品，注射一次就能治愈某种类型的白血病。在美国，一次使用这种药品的费用高达47.5万美元。在英国，国家医疗服务体系支付22万英镑，但仅限于儿童。在德国，其售价为32万欧元。诺华公司行政委员会主席林浩德（Jörg Reinhardt）称："我们坚信，人们应根据治疗的价值支付费用。我们决定根据这一原则来制定价格。未来，人们会因为基因疗法的疗效而觉得其成本是合理的。"[125] 甚至已经出现了更高的价格。诺华公司开发的另一种革命性药品，即一种抗脊髓性肌萎缩症的药品，据一家英国研究所估算，其价值为400万美元。[126]

2019年被罗氏（Roche）收购的Spark Therapeutics公司，正在研发一种新疗法，可用于治疗导致儿童失明的遗传缺陷。它已经宣布，在美国每位患者的治疗价格为85万美元。如果患者未达到治疗目标，就能获得部分退款。[127] 社会将如何评价这些革命性产品的价值？会接受这么高的价格，还是会力图限制利润？目前，这些问题还没有明确的答案。

利润与知识分子

对利润导向的批评多数来自知识分子，但绝不仅限于政界和知识界的左派。有位政治哲学家这么问道："应该允许企业家赢利吗？"[128] 这是什么问题！一位前企业管理者抱怨道："抹去利润必然会摧毁企业和社会。"[129] 大主教罗伯特·佐利奇（Robert Zollitsch）在担任德国主教会议（German Episcopal Conference）主席时声称，利润最大化是食品涨价的原因。甚至教皇方济各（Pope Francis）也批评"市场自治"的观点，并在 2020 年 10 月的第三道通谕（Encyclical Letter）中，重申了自己对资本主义制度的批评。[130]

我们可以继续列出类似的观点。我们可以看出，持这种批评态度的不仅有左翼人士，他们的批评尚在意料之中，还有我们通常以为的温和派或中间派人士。齐特尔曼指出："据我观察，大多数知识分子心中多少有一点反对资本主义的倾向，即使那些从来不会宣称自己是反对资本主义的人士也是如此。这种立场显然符合很多知识分子的个性，即使他们持有极其不同的政治立场"。[131] 在美国、德国、英国和法国，齐特尔曼对人们如何看待富人进行了实证研究。研究结果支持了他的观点。在 *Mind vs. Money: The War between Intellectuals and Capitalism* 一书中，艾伦·S. 卡亨

（Alan S. Kahan）表明了知识界对资本主义和利润的批判态度，并对其根源进行了深入分析。[132]

在此，我对自己的结论进行限制，即很多知识分子对利润导向，尤其是对利润最大化的看法，有一定程度的不同，从严厉批评到完全否定，不一而足。为了更深入探讨这一主题，我参考了前面提到的齐特尔曼和卡亨的研究成果，我只是从中引用了部分重要见解。

形成这些态度的根源是什么？最重要的原因可能仅仅是嫉妒，再加上一种不公平的感觉。知识分子普遍认为，自己比商人更聪明。如果用智商（IQ）作为衡量标准，这种自我认知可能确实是对的。那么，为什么知识分子只能依靠相对微薄的收入凑合过日子，而商人却可以很有钱呢？知识分子很少会把这种不平衡归因于自己的能力（或能力不足），所以根源一定在于"制度"。从这里开始，把这种感知到的差异与商人的不道德行为联系起来，只是小小的一步。受过高等教育的受访者认同"富人善于赚钱，但通常不都是正经人"这一说法的比例如下所示：[133]

- 美国：28%。
- 德国：21%。
- 英国和法国：14%。

这项研究中值得注意的一点是，在美国人中，对资本主义和利润动机，年纪较轻的往往比年纪较大的持更多的批评态度。在进行调查的4个国家中，美国是受访者年龄差距最大的国家。

对利润导向的大量批评不仅来自经济学界之外,也来自"内部人士"。伦敦经济学院教授玛丽安娜·马祖卡托(Mariana Mazzucato)是批评利润导向最著名的学者之一。她写道:"事情只会变得更糟。'寻租'指的是试图获取收入,不是通过生产产品,而是通过索取高于'竞争价格'的费用,以及通过利用特定优势(包括劳动力优势)来打击竞争对手,或者……阻止其他企业进入本行业,从而保持其垄断优势。"[134] 诺贝尔经济学奖获得者约瑟夫·斯蒂格利茨(Joseph Stiglitz)认为"监管不力和垄断行为"是"抽租"的原因。[135] 在这些陈述中,术语"寻租"和"抽租"本质上是利润最大化的同义词。上述做法,过高收费、利用特定优势、打击竞争对手、阻止其他企业进入某一行业或保持垄断优势等,可能不道德,甚至非法,但不一定在所有情况下都是这样的。

我们应该认真对待马祖卡托和斯蒂格利茨的观点。利润导向的伦理问题不会消失。企业家和管理者仍须努力解决这些问题,并适应不断变化的社会价值观。但这些问题没有而且永远都没有普遍适用的简单答案。

禁忌和透明度

利润这一话题很微妙,虽然确实因文化而异,但说它是禁忌并不夸张。在欧洲,几乎没有企业家愿意承认自己的盈利有多少,甚至提出这一问题也是不礼貌的。即使在担任咨询顾问的时候，我也不愿在项目开始时就询问盈利情况。人们更喜欢谈论收入、员工人数和市场份额，而回避利润问题。在其新闻稿中，内部持股公司很少提供利润数据。这在美国和亚洲有所不同，但并不普遍。

把利润数据视为禁忌是有一定理由的。当利润很低或很高时，企业和个人都会回避这一话题。如果利润很低或为负值，披露这一事实可能会让企业领导者丢脸，尤其是如果他们此前曾强调过自己的收入数据，则更是如此。我曾经常遇到这样的情况。在问及"利润情况如何？"时，回答不是支吾其词，就是尴尬的沉默。很少会有人说出具体的数字。与之相反，如果利润很高或非常高，公布这些数字可能会让企业领导者处于危险境地。如果供应商或客户听到高利润的风声，他们可能会要求更大的份额。在汽车行业或食品和杂货零售业的供应商中，利润是极为敏感的话题。一位企业领导者在给我的便条中曾这样描述这种情况："在年终会谈中，我多次面对公开的'富豪榜'问题。商业伙伴坚持认为他们必须分享这笔'财富'。"

利润高的企业要有强大的市场地位，才能抵制大客户的要求。但有时候，客户的要求并不像人们担心的那样过分。当全球灌装设备领导者克朗斯股份公司（Krones AG）上市时，创始人赫尔曼·克龙泽德尔（Hermann Kronseder）担心透明度的提高会增加来自客户的价格压力。但出乎他意料的是，出现了相反的情况。可观的利润历史向客户表明，公司并不是只能勉强糊口，因此，客户每次谈判都要求"必胜"，拿下合同。克龙泽德尔觉得，这一信息改善了公司的谈判地位。[136]

一家专业生产包装机械的隐形冠军的首席执行官给我讲了一个类似的故事:"我们的息税前收益率高达20%左右。由于这条信息可以在公共数据库中查到,所以我们决定发起一场宣传攻势。到目前为止,所引起的还是正面的共鸣。我们告诉人们,虽然我们确实赚取了可观的利润,但这是我们高度垂直整合的结果。通常情况下,我们会定期把大约一半的利润再投资到业务中去。"

高利润的企业领导者和企业家的第二个担心来自私人或社交生活。他们担心遭人嫉妒。财富主要来自商业活动,当涉及嫉妒时,富人通常是首选的目标。齐特尔曼曾在德国、法国、美国和英国就这一问题进行过实证研究。他根据人群中嫉妒者与非嫉妒者的比例定义了"嫉妒指数"。法国的指数值最高,为1.26,这意味着嫉妒的人数比不嫉妒的人数高出26%。德国紧随其后,指数值为0.97,其次是美国和英国,分别为0.42和0.37。[137]

与这些调查结果一致的是,美国企业家和企业领导者更会公开谈论自己的利润状况。一位首席执行官曾就美国和欧洲的态度差异开玩笑说:"在美国,如果利润率低于10%,你是穷人,而在欧洲,你就是重犯。"[138] 一位英国朋友把这种情绪表述为"美国人喜欢胜利者,欧洲人喜欢失败者"。有位工程行业的管理者想知道其根本原因:"我仍然不清楚为什么在德国追求利润会让人良心不安。这不可能是受基督教的影响,因为我们在其他欧洲国家可以看到同样的情况。"和避免嫉妒的愿望密切相关的是,担心公开谈论财富和利润会让自己成为犯罪分子的目标。

因此，总而言之，企业家和商人在利润方面透明度不高是有充分理由的。不少人竭力隐瞒自己的利润情况。他们的手段有选择有限或没有报告要求的企业形式，把经营活动转移到国外，为不公布财务状况而支付罚款。但是，在利润数据方面缺乏透明度可能会产生一些意想不到的后果。当消费者高估实际利润率 6~8 倍时，隐瞒真实数据可能会适得其反，从而加剧社会的嫉妒心理。

我的判断是，在大多数国家，利润数据方面的禁忌几乎不会改变。而这对企业和企业家来说，是优势还是劣势，仍是一个悬而未决的问题。但对于整个社会来说，利润相对缺乏透明度是一个劣势。

最大化利润有必要吗

利润最大化是否必要，甚或成了一种强制或义务？这个问题的答案通常是否定的。在自由市场经济中，每一个企业和企业家都可以自己决定是追求利润最大化，还是仅仅满足于取得一个低于其最大利润潜力的数额。我想补充一点，严格来说，利润最大化是一个理论概念。实践中，很少有人知道哪种行为会带来最高的可能利润，或者他们的利润实际会有多高。长期利润更是如此。

但是，如果考虑第 2 章中详细讨论过的利润现实情况，我们会建议很多企业去追求利润最大化的策略。我为什么会这么说？

请记住，在 8 年间，22 个国家的企业的平均净利润率仅为 5.71%。

这一平均值本身似乎还可以接受。但我们应记住，一半以上企业的利润率低于这一平均水平。此外，诸如德国（3.3%）或日本（2.3%）之类的国家和地区企业的平均利润率远低于 22 个国家的平均水平。我经常搜索企业数据库，也经常感到很震惊，因为那些我认为经营状况相对较好的企业的盈利数据非常低。我们急切地建议这些企业把注意力转移到利润最大化上来。当利润率始终围绕零上下波动时，企业就会持续处于破产的边缘。只有显著改善利润状况，才能让企业脱离破产的危险。

如果我们把标准定得高一些，要求的是经济利润而不是会计利润，那么很多企业的盈利状况会更加严峻。在第 1 章中，我们解释过，经济利润是指高于 WACC 的利润。22 个国家的平均净利润率为 5.71%。假设资产周转率为 1，则根据式（1-9），我们得出的总资产回报率（税后）为 5.71%，与净利润率相同。假设企业税率为 25%，那么总资产的税前回报率为 7.61%。这一数值大致对应第 1 章中引用的 WACC。因此，可以假设很多企业（可能超过一半）没有实现经济利润，即没能赚回资本成本。

在数十年的时间里，我与数以千计的管理者和企业家共事过，看到过很多人陷入了维持企业运转的长期挣扎。如果只是努力维持生计，那么利润最大化听起来像是个高度理论化的陌生概念。仅仅获取会计利润就是成功，更不用说要在这种情况下获取经济利润了。

但如果是净利润率达到 10% 的企业，或是净利润率超过 20%

的利润之星，它们会怎样呢？人们可能认为，这些企业在追求利润最大化方面不太会始终如一。但我的印象是，即使是对此类高利润率的企业而言，利润最大化也是最有效的生存策略。麦肯锡德国公司前负责人于尔根·克卢格（Jürgen Kluge）曾提出一个很好的问题："是不是存在一个最优的利润数据，还是越多越好？"市场经济中每一位企业家都需要自己来回答这一问题。对此，我只能讲两点。第一，很明显，显著为正的利润比零好，当然也比负的好。第二，如果企业没有赚到经济利润，即无法收回资本成本，那么它们就应认真考虑把资金投资到其他领域。

股东价值与利益相关者价值

在第 3 章中，我们简要描述了股东价值的概念。这一概念存在极大的争议，也得不到社会大多数人的认可。在很多方面，"股东价值"这一术语已经演变成一道诅咒。这是为什么？在我看来，主要原因是很多管理者声称追求股东价值理念，而他们所做的却与之背道而驰。我举几个突出的例子来说明这一点。

作为通用电气公司的首席执行官，杰克·韦尔奇成了追求股东价值的典型代表。他把自己描绘成股东价值最坚定的支持者。事实上，他确实一度把通用电气打造成世界上最有价值的公司。在他 1981 年接管时，公司市值是 150 亿美元，到 2000 年，增加到了 5 920 亿美元。但从股东价值的角度看，这种增长是不是可持续的？答案是否定的。自 2000 年以来，通用电气的市值一直在稳步下降，到 2020 年 5 月，跌至不到 480 亿美元的低位。市值的持续下跌是韦尔奇还是继任者的原因，这一问题尚无定论。但长期以来，通用电气已不再是股东价值理念的同义词了。

我们还可引用另一个明显言行不一的例子，即戴姆勒股份㊀公司。从 1995 年至 2005 年担任首席执行官的于尔根·施伦普（Jürgen Schrempp）坚持认为，他是根据股东价值理念来领导公司的。但从 1998 年 11 月 18 日戴姆勒-奔驰和克莱斯勒合并，到 2005 年 7 月 27 日施伦普宣布辞职，戴姆勒股份公司市值从 665 亿欧元跌至 368 亿欧元。戴姆勒股份公司近一半的市值在此期间消失，而德国股票指数 DAX 同期仅下跌 2.7%。尽管对股东价值公开承诺，但施伦普并没有创造任何价值，反而失去了很多价值。

如今，股东价值经常被人嘲笑。它的批评者越来越多，甚至杰克·韦尔奇也加入了这一行列。卸任通用电气首席执行官后，他把股东价值描述为"世界上最愚蠢的想法"。[139] 瑞士著名咨询师弗雷德蒙德·马利克（Fredmund Malik）也对这一概念提出了批评："股东价值杀死了受益人。"[140] 批评似乎无穷无尽。人们目睹了林德公司（Linde）与普莱克斯公司（Praxair）的合并。在成为世界上最大的工业气体和工程公司之后，林德集团董事长 Wolfgang Reitzle 受到了指控。这就是例证。他曾被称为"过度股东价值文化的先驱"和"宠爱股东，而不会对未来进行投资"

㊀ 2022 年，戴姆勒股份公司正式更名为梅赛德斯-奔驰集团股份公司。

的人。[141]Reitzle确实创造了股东价值。从2018年10月合并到2021年1月，林德公司的市值从450亿美元飙升到1 380亿美元。

有人提议用利益相关者价值的概念来代替股东价值的概念。[142]这一替代概念的支持者越来越多。制药公司迈兰（Mylan）的董事长罗伯特·考里（Robert Coury）是最早的一位支持者。他宣称："我们是一家利益相关者公司，而不是股东公司。"[143]颇具影响力的美国商业圆桌会议（American Business Roundtable）在《公司宗旨宣言书》中重新定义了利益相关者，引起了广泛的关注。商业圆桌会议由188位美国大型企业的首席执行官组成，其中181位签字认可了这份新的宣言书。[144]在这些人中，有摩根大通首席执行官杰米·戴蒙（Jamie Dimon）以及全球两大投资公司贝莱德和先锋集团（Vanguard Group）的负责人。但有些著名的首席执行官拒绝支持这一观点，其中包括黑石集团（Blackstone Group，又名佰仕通集团）的苏世民（Stephen Schwarzman）和通用电气的首席执行官拉里·卡尔普（Larry Culp）。[145]

这份宣言书做了以下宣告："我们对所有利益相关者都有一个基本的承诺。我们承诺

- 为客户提供价值；
- 投资于自己的员工；
- 和供应商交易要公平道德；
- 支持我们工作的社区；

- 为股东创造长期价值。"[146]

这促使有些记者猜测,这一声明是不是暗示"我们所知的资本主义的终结"或"股东资本主义的绝唱"。[147] 我对商业圆桌会议的宣言书有什么看法呢?我的第一反应是,这份宣言书不言自明。商业圆桌会议主席戴蒙(Dimon)把这一宣言书描述为"常识性的企业原则"。[148] 德鲁克研究院这样评论:"今天标志着对常识性原则的历史性回归。"[149] 世界经济论坛也发表了类似的达沃斯宣言:"企业的宗旨是让所有利益相关者参与到共享且持续的价值创造中来。创造价值时,企业不仅要为股东服务,还要为所有利益相关者服务,其中包括员工、客户、供应商、当地社区和整个社会。理解并协调所有利益相关者不同利益的最佳方式,是共同致力于促进企业长期繁荣的政策和决策。"[150]

不论是过去还是现在,每家企业都应考虑利益相关者的利益。我没看出股东价值和利益相关者价值概念之间的根本性矛盾,至少不像一些批评者所说的存在零和博弈那样的矛盾冲突。我有不同的体验。当企业获得可观利润时,在大多数情况下,员工、供应商、银行以及地方和国家政府都会受益。2020 年 12 月,得克萨斯理工大学教授亚历山大·威廉·索尔特(Alexander William Salter)在《华尔街日报》发表了一篇评论文章,重申了这一观点:"由于利润来源于收入的增加和成本的降低,因此,把利润放在首位的企业必须努力以更少的投入为客户提供更多的服务。简而言之,利润是提高企业乃至整个社会效率的一种优雅而又节俭的方式。"[151] 其他很多人也论证了类似的因果关系。罗伯特·博世曾说:"我支付的工资不高,因为我很有钱。或更准确地说,我很有钱,因为我工资很高。"[152] 反之亦然。如果企业经营不善,那么员工、供应商、银行和政府也会受到影响。彼得·德鲁克曾这样表示:"一家破产的企业不会是一个令人向往的雇主,也不大可能成为社区的好邻居。"[153] 大量证据表明,善待员工的企业也能为股东带来更高的回报。在美国的一项研究中,"股东总回报"的差异在5年的时间跨度内,达到了整整两个百分点。该研究得出这样的结论:"对员工有利的事情似乎对股东也有好处。"[154] 在多年的实践中,我见证了数以百计的案例,也都证明了这种关系,只有少数例外。

从商业圆桌会议的宣言书或达沃斯宣言中,是否可以得出一套可经受考验的具体管理目标? 我没有看到。哈佛大学教授迈克尔·詹森(Michael Jensen)就这一话题这样写过:"从逻辑上讲,不可能对一个以上的维度最大化。有目标的行为需要一个赋值的目标函数。企业如果只允许有一个目标,那么股东价值最大化似乎就是一个明确的选择。"[155]

商业圆桌会议的宣言书或达沃斯宣言在讨论中引入了其他相关的东西。投资界和学术界的一些评论家提出这样一个问题,即是不是股东而非首席执行官才有责任履行社会义务。这一观点有一定的道理,因为企业所有者在为社会做事时,花的是自己的钱。然而,企业管理者保管的钱不是自己的。观察人士还批评说,商业圆桌会议的宣言书没能解决管理人员工资过高的问题。

罗格斯大学（Rutgers University）教授迈克尔·博尔多（Michael Bordo）认为，宗旨宣言书让企业承担了属于政府而不属于私营企业的义务。[156] 基于媒体的讨论，我的印象是，这些宣言的本质更多的是对短期利润导向的修正，而不是对股东价值概念本身的修正，而股东价值概念本身就包含了长期导向。如果新决议能对这方面有所改变，我绝对欢迎。

无论经济景气还是萧条都要盈利

一个有争议的问题是企业应如何处理经济景气和萧条时期的利润目标。当然，在危机中，企业必须尽一切可能确保实现盈利，维持收入，并削减成本。但在经济景气时期，企业能不能放松对利润的追求？

我的意见是否定的。

经济繁荣时期，最大和最常见的一个错误是建立了各种成本项目（尤其是固定成本项目），这会在下一次危机来临时成为挂在企业脖子上的沉重负担。在经济景气时期，企业应该坚持盈利导向，为经济萧条时期留出缓冲空间。管理层不应受当前的经济环境的影响，而应该始终把管理重点集中在收入和成本上。这两个变量显然存在天然的聚合趋势，但管理层需要想方设法尽可能拉开两者之间的距离。即使在经济景气时期，利润导向也是久经考验的生存手段。

利润、目的和动机

一方面，利润具有经济维度。另一方面，对几乎所有企业家来说，利润并不是他们活动的唯一目的。第二次世界大战后，德意志银行的著名首席执行官赫尔曼·约瑟夫·阿布斯（Hermann Josef Abs）曾非常生动形象地描述了这种矛盾心理："利润就像我们呼吸的空气一样必不可少，但如果我们做生意只是为了赢利，就会像我们活着的唯一理由就是呼吸一样可怕。"利润并不是大多数企业家和管理者的毕生所求。当然，也有不同的观点，就像一家有3 000多名员工的隐形冠军创始人所说的那样。他曾写信给我说，对他来说"利润就是生活的意义"。无论如何，利润都是一个重要的业绩指标，是创业成功所不可或缺的，也是企业生存和创造财富的先决条件。

利润不足或实际亏损会产生相反的效果。这会令人沮丧、自我怀疑、灰心丧气。如果破产，还会失去资产。有位年轻的企业家，是家族食品企业的第三代掌门人。他的看法揭示了这方面的意思："我拼命工作，到头来却一无所有。这一点都不好玩。"他的企业年收入超过2.5亿美元，但过去5年（包括亏损的一年）的平均净利润仅为20万美元。也就是说，净利润率不到0.1%。难怪这位年轻的企业家不喜欢在盈亏线上徘徊的感觉。

在研究中，我一次又一次地对亏损企业的数量之多感到惊讶。在有些企业，这种情形会持续多年。那银行为什么会对此保持沉默？原因之一是银行实际上被自己的贷款挟持了。如果要求企业还款，企业就可能破产，并且在最坏的情况下，这笔贷款的损失得全部由银行来承担。

持续亏损背后的原因多种多样，但很少是企业家不努力。有些人一辈子都在奋斗，却从未获得令人满意的利润率。对于企业家来说，利润不仅具有财务上的意义，实际上还有对个人价值的认可、对能力的证明以及享受工作的乐趣。这些方面都促使利润成为重要的激励因素。

在这种情况下，企业家的思维方式及其激励自己的方式就发挥了重要的作用。他们是否明白利润比收入更重要？他们是想让企业显得"大一点"，成为人们关注的焦点，还是想保持自我，并享受利润？一位朋友最喜欢的一句话直截了当地表达了这一意思："收入会令人感到骄傲，而利润会令人富有。"

令人失望的结局

在自己活跃的职业生涯结束时，有些企业家会感到无法接受的失望。原因往往是他们长期持续忽视利润动机。我用两个现实生活中的例子来说明这一点。第一个是在机械工程领域成为世界级企业的隐形冠军。这是一家独资企业，由一位充满激情的工程师创建，并且经营了36年。如今，他70岁了，既没有孩子，在家族中也找不出继承事业的人。于是，他试图寻找投资者，或其他解决方案来让企业传承下去。企业业务高度依赖经济周期，因此非常不稳定。在好年景，收入可能高达1亿欧元，但在经济不景气的年头，收入可能只有一半。尽管产能利用率会有明显的波动，他却从未解雇过员工。与之相反，在员工的能力建设上，他投入了大量资金，并因此有一个高素质的团队。厂房和设备都是最先进的。企业运行状况似乎良好。

但有一个问题。在过去9年中，有4年出现亏损，另外4年则勉强维持收支平衡。在剩下的一年，实现了5%的净利润率。

以前寻找投资者的所有尝试都以失败告终。该创始人请人做了多次评估，对房地产、团队的知识资本、现代化的厂房和设备、品牌等进行了全面的估价，但无法说服任何人来投资。这让他极度失望。他只是不想接受这一事实：过去糟糕的利润状况已让企业价值跌到可能根本卖不出去的程度。他终于明白，以前没有以利润为导向来经营企业。

我不做进一步的评论，而是用该创始人的一句话来总结这一案例："在我的世界里，商业背后的首要动机不是可观的财务成果。对我来说，这不是我工作最重要的部分。当正常的财务成果能基本满足需求时，对我就已足够了。除此之外，当然还有其他动机，如追求完美、探索的快感、与他人合作的激情以及成功时的喜悦。"这家企业的未来仍不确定。

第二个案例的情况也类似。这家企业提供复杂的技术服务，是一家真正意义上的高科技企业。创始人拥有物理学博士学位，是该领域欧洲领先的专家。有三分之二的员工来自学术界，其中多数拥有科学领域的博士学位。创始人现年66岁，仍在经营企业，每周至少工作60小时。企业的声誉与她个人密切相关。重要客户都要求她亲自与他们合作。

和第一种情况一样，该企业需要新的所有者。目前有两个选择：要么由外部投资者接管，要么由最称职的员工接管。经过与每组候选人谨慎的探索性交谈，她发现这些人都没太多兴趣来接管企业。当我问及企业盈利状况时，老板支支吾吾地回答："其实我们没有赚到什么钱，只是一直这么维持着。一直以来，我们进行了充分的投资，企业状态良好。"当查看数字时，我发现，在过去的8年中，有4年略有盈利，而其他4年则出现了亏损，但并不严重。每年的净利润基本为零。企业创始人说出了自己销售企业的期望价格，然而根据企业过往的盈利情况，我觉得这完全是幻想。多年来，她很少关注利润，如今陷入了困境。

看到企业家取得了惊人的成就，却因为不了解或没有理解利润的重要作用，而将自己一生的工作置于危险之中，这让我感到很不好受。确保企业长期生存，并使之以可接受的价格吸引潜在收购者的唯一途径就是赚钱。这同样适用于年复一年持续经营的企业，也适用于准备把所有权转让给投资者或下一代领导者的企业。

小　结

在社会上，利润这一话题备受争议，各种观点甚至出现两极分化。但利润究竟是创业的目的、结果，还是本质，这对我来说完全是个学术问题。每位企业家都必须决定，在自己所处的情况下，利润究竟意味着什么。其实，完全区分清楚利润最大化、利润最优化和利润导向等概念之间的细微差别，并没有太大的帮助。

利润导向仍然是市场经济的一个组成部分。市场经济相对于其他制度的优越性归根到底在于利润动机。私营企业有责任为社会赚取利润。这是创造就业、进行投资和创新的唯一途径，也是企业履行对员工和业务伙伴义务的唯一途径。赚取利润必须符合道德规范，也要正派体面。不过，毫无疑问，在现实中时有跨越这些道德界限的情况。这就是很多知识分子批评利润动机的原因之一。

在很多国家，利润属于禁忌话题。客观地说，由于数据库、互联网和政府对报告的要求，如今利润透明度相对较高。尽管如此，公众并没有清楚了解商业世界的真实利润情况。无论高低，企业家都不愿讨论利润，因为害怕会有不良后果，如价格压力、丢面子、遭人嫉妒或受到威胁等。

严格意义上的利润最大化并非绝对必要。由于经常出现盈利不佳的状况，所以建议企业更好地挖掘盈利潜力。重点应放在长期而不是短期的利润最大化。这与股东价值的概念相对应，可是经常被误解，并受到毫无根据的批评。

利润不是企业家和管理者的唯一目的或动机，却是绩效和成功的指标，因而是很重要的激励因素。与之相反，微利或亏损会令人沮丧和失望。亏损使很多企业倒闭，但从来就没有企业会因为盈利而破产。

第5章

诊断和治疗

在前面的各章中,无论是从纯粹的经济角度还是伦理角度,我们都强有力地证实了利润导向的理念。与此同时,我们对当前全球企业利润情况的分析表明,有相当一部分企业的利润相当微薄。许多企业都没有产生经济利润,无法收回资本成本。

在本章中,我们将努力诊断利润微薄的潜在原因,并提出可能的"疗法"。现在,我们把诊断限制在与经济活动的背景及其基础相关的因素上。在随后的几章中,我们将分别研究利润的三个驱动因素:价格、销量和成本。

我不想让读者对这一章抱有过高的期望。从表面上看,对利润高低的解释似乎很简单,但要找到根本原因往往很困难。我们一次又一次地观察到,规模和市场地位相似的企业呈现出截然不同的盈利趋势。

为什么一家企业倒闭了，而另一家与之十分相似的企业不仅幸存下来，还发展得很好？即使是相关学者也很难解释企业利润的来源。也许给出明确的解释本就无法实现。如果有人找到赢利的"秘方"，那么每家企业都会使用它，而那将是高利润率的终结。这条"法则"在全世界的股票交易所广为人知。

我们也不应期望在解决方案上发生任何奇迹。在本章中，我将解决方案称为"疗法"。有时我们很清楚该做什么，但往往不太清楚如何有效地实施具体的解决方案。在诊断原因时，存在一种对称性，从中我们可以正确或错误地使用某一方法措施或行为参数。在这两种情况下，参数却是相同的，例如，目标设置。由于这种对称性，我不会将"疗法"分为"成功策略"和"失败策略"，而会全面地对待每一参数。

错误的目标

在第 3 章中，我们大致了解了目标及其作用。我们得出的结论是，收入、销量和市场份额目标可作为长期利润导向的代理变量，但不足以作为独立目标。那么实际上，企业应如何设定目标？根据我的经验，只有少数企业家和管理者真正把利润放在首位。这当然适用于他们的真实行为，但不一定适用于他们在投资者会议或股东大会上的官方声明。利润率、回报率或绝对利润水平等关键指标常常被忽视。一家大型汽车制造商的董事的说法很能说明问题："如果我们的市场份额下降 0.1 个百分点，就会有人认为我们不行了，但如果我们的利润下降 20%，却没有人在乎。"这可能有点夸张，但在多年的时间里，这位董事确实多次向我提出这一问题。这是一个普遍存在的问题：在日常业务中，收入、销量或市场份额目标通常主导着管理思想。

通用汽车曾为这种导向及其后果提供了一个典型的例子。哈佛商学院前教授罗杰·莫尔（Roger More）曾写道：通用汽车的关键财务数据更多的是关注市场份额和收入，而不是利润。通用汽车的管理者践行了这一理念。在 2002 年的一次销售会议上，所有与会管理者都佩戴了一枚带有数字"29"的翻领别针（lapel pin）。几十年来，通用汽车在美国的市场份额一直在稳步下降，在会议召开时已明显低于 29%。"29"象征着新的市场份额目标，表示公司要夺回原来的市场地位。但在公司之外，几乎没有人会相信通用汽车能够扭转下滑趋势，更不用说实现这一目标了。即使是随后的市场发展表明"29"目标是天方夜谭之后，通用汽车仍顽固地坚持追求这一目标。两年后，当时的通用汽车北美区负责人加里·考格（Gary Cowger）表示："'29'将一直存在，直到我们达到'29'。然后，我会买一枚'30'的别针。"[157]

这种完全不切实际的市场份额目标是滋生极端折扣活动的沃土。2005 年，通用汽车向所有客户开放了员工内部购车折扣。最初，这一不同寻常的优惠活动取得了巨大的成功，月销量同比猛增 41%。但紧随其后的是销量暴跌，造成了很大的损失。6 个月内，通用汽车的市值从 209 亿美元跌至 125 亿美元。通用汽车的市场份额也同样在继续下降,在2010年申请破产前,从28%下降到18.8%。2020年,新成立的通用汽车在美国的市场份额仅为16.6%,比其在世纪之交的市场份额低约40%。

但这种目标设定绝不仅限于汽车行业。西蒙顾和进行的全球定价研究一再证实了销量和市场份额导向在目标设定中的主导地位。这方面的一项研究结果如图5-1所示,其中包含23个国家和地区的2 712名管理人员的回复。[158] 只有28%的受访者表示,利润是他们所在行业的重中之重。相比之下,约47%的受访者表示,销量是他们的首要任务目标。其余25%的受访者表示,他们所在的行业对利润和销量目标给予同等重视。

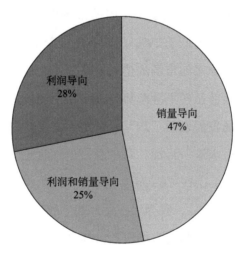

图5-1 对"你所在行业的目标导向如何?"问题的回复

国家的利润导向

分析不同国家的利润导向极具启发性。这方面的数据如

图 5-2 所示。美国和德国处于中间状态,而法国和瑞士的利润导向最强。其中,瑞士以 9.3% 的极高的全国净利润率支持了利润导向。但法国是一个有趣的例子。在许多谈话中,我经常听到法国管理者表达了强烈的利润导向,但这种承诺并没有在实际数字中清楚地体现出来。法国企业的净利润率仅为 4.5%。我将这种矛盾归因于法国政府的高税收和强势的干预主义政策。

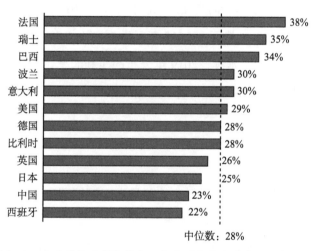

图5-2 不同国家的利润导向:自称利润导向的企业所占比例

利润导向程度最弱的国家是西班牙、中国和日本。在中国,增长导向占目标设定的主导地位。这印证了我个人的经验和印象。成功的最终衡量标准似乎是增长率。日本的情况似乎有所不同。在那里,我经常见到明显的销量和市场份额导向的目标设定。索尼发生的一件事尤其令人大开眼界。尽管在全球范围内享有很高的品牌声誉,并有许多创新,但多年来索尼一直在亏损和微利之间徘徊,要收回资本成本还有很长的路要走。我建议,为了盈利，公司最终还是需要提取品牌溢价，并结束自杀式的折扣政策。其全球营销负责人发言说："但（如果这样的话）随后我们就会失去市场份额。"讨论到此结束。我有一种感觉，我们提出了一个禁忌的话题。当时，如果索尼和许多其他日本企业自愿将市场份额拱手让给竞争对手，那是不可想象的。

从2015年开始，新任首席执行官结束了这种有缺陷的目标导向，并将索尼的战略转向高端产品。在2015~2017营业年度，其净利润率仍低于2%，然而在2018年显著提高至6.4%。这种改善趋势在2019年得到了延续，2019年公布的净利润率达10.6%。[159] 在这次转变中，目标的改变起到了关键的作用。

行业的利润导向

在利润导向上，不同行业的差异大于不同国家。西蒙顾和全球定价研究的结果如图5-3所示。

报告显示，制药/生物技术/医疗技术行业的利润导向最强。这一发现与我的经验相符。汽车行业的利润导向最低，只有7%的企业认为自己是利润驱动型的。在这一行业，超过一半的受访者（53%）认为自己是销量驱动型的。这一导向不仅反映在了前面所提到的通用汽车的案例中，也反映在了大众汽车不断重复的使命中，即超越丰田，成为全球销量最大的汽车制造商。在2018年和2019年，大众汽车实现了这一销量目标。2018年，大众汽车销售了1 080万辆汽车，而丰田销售了1 040万辆。2019年大众汽车销量为 1 097 万辆，再次击败了丰田，后者销量为 1 070 万辆。这使得大众汽车成为全球销量第一名。这意味着大众汽车在 2018 年和 2019 年都实现了雄心勃勃的目标。但利润数据如何？由于年度利润可能会出现显著波动，因此需要长期观察。在 2014 年至 2018 年的 5 年间，这两家汽车制造商的平均年收入几乎相同，大众为 2 570 亿美元，丰田为 2 590 亿美元。但税后利润情况看起来大不相同。大众汽车净赚了 97 亿美元，净利润率为 3.8%。相比之下，丰田的平均净利润为 191 亿美元，净利润率为 7.4%，几乎是大众汽车的两倍。因此，毫不奇怪，到 2021 年 2 月，丰田市值为 2 120 亿美元，几乎是大众汽车市值 1 150 亿美元的两倍。但大众汽车发出了姗姗来迟的重新定位的信号："大众汽车集团比以往任何时候都更加关注业务的盈利能力。"[160]

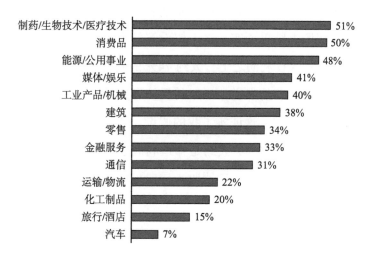

图5-3　不同行业的利润导向：自称利润导向的企业所占比例

对收入和利润的了解

为了弄清楚收入和利润之间的目标冲突的真相，我使用管理者和企业家的便利样本进行了一项专门调查。我没有开门见山，而是问道："请想一想，你知道上一个营业年度的收入和利润吗？"我认为对收入或利润数据的了解可以代表真实的导向。[161] 结果如表 5-1 所示。

表 5-1　对收入和利润的了解

问题：你是否知道所在企业的……		利润？		
		知道	不知道	
收入？	知道	74%	16%	90%
	不知道	3%	7%	10%
		77%	23%	

我事前的假设是，知道所在企业收入的受访者要多于知道利润的。我把调查结果证实了这一假设解释为，在企业家和管理者的思维中，收入在利润之上。大约 74% 的受访者声称知道上一年的收入和利润。总的来说，90% 的受访者知道收入，但只有 77% 的受访者知道利润，这证实了我的假设。知道收入但不知道利润的受访者的比例（16%）大约是知道利润但不知道收入的受访者的 5 倍。这是另一指标，表明收入导向可能比利润导向更为广泛和普遍。

基于广泛的个人经验，我也相信，在实践中，收入、销量或市场份额导向比利润导向更有影响力。多年来与业界人士的许多交谈也证实了这一点。引用一位咨询顾问的话："在日常工作中，我经常注意到客户手边没有利润数据。"一家大型食品和杂货零售商的首席执行官告诉我："去年我们的收入增长了4%，这是一个非常好的结果。我们将增长的1%即四分之一以更低价格的形式回馈客户。这使利润保持不变。我们卖得更多，但并没有赚更多的钱。"

我也发现了可能具有启发意义的其他导向。在北京，我向一家大型石油企业的亚太区负责人询问他所在地区及其最重要国家的收入情况。令我惊讶的是，他竟然说不出具体数字。我们第二次见面时，他告诉我，后来考虑过这次谈话，因为他自己也很惊讶，居然没有重视收入数据。他说原因是他的管理团队很少讨论收入问题，因为他们更加重视利润和利润率。如果我问的是利润，他可能会立即提供数据。企业的报告系统就是为了体现这种利润承诺而设计的。显然，这家企业具有真正的利润导向。

尽管我对收入、销量或市场份额目标持批评态度，但我不能忽视这一事实：正如 PIMS 研究和经验曲线（见第 3 章）所证明的那样，这些目标与一些明显积极的方面有关。销量目标背后的潜在动机通常是为了维持就业。在日本，这种动机非常重要。这有助于解释为什么这么多日本企业都以销量或市场份额为导向。在德国，情况有些相似。在 2008 年至 2009 年的大衰退中，我们就可以明显看出这一点。德国企业通过缩短工作日、带薪休假、无薪休假、灵活轮班和降薪来避免彻底裁员。这些选择很难与短期利润最大化兼容，但可能有利于长期利润最大化。在危机时期保住工作岗位有两个好处。第一，企业不会将其内部知识和社会资本（技术、能力、客户关系、身份认同、文化）置于风险之中。第二，当危机结束时，企业可以快速领先于竞争对手。在2010年大衰退平息之后，许多企业确实取得了这种积极的结果。

在美国，维持就业是次要的考虑因素。当销量下降时，美国企业会迅速裁员或立即清除工作岗位，只有在需求复苏时才会增加招聘。这种方法的问题在于，企业并不总能成功地重新招聘到有经验的员工，因此，必须在培训上投入额外的资源。

销量目标的重要性、维持就业的愿望以及对短期和长期利润目标的相关影响都会因国家和地区的不同而有显著差异。与生活中的其他方面一样，销量目标也有两面性。在危机期间，往往缺乏明确一致的利润导向。一位专注于陷入困境企业的投资者曾给我这样写过："在企业重组中，我经常看到没有利润导向的问题。这似乎抑制了盈利。如果把重点放在次要目标和指标上，在重组中，管理层往往会采取错误的措施。这些行动的初衷是好的，但效果不佳。"这一观点无须进一步评论。重组应该有且只有一个目标：使企业恢复盈利。

企业的股东权益投资金额也会影响目标的权重。一位来自奥地利的企业家评论说："较低的股东权益水平导致德国企业比其他国家的企业更关注收入、产能和就业目标。"原因是风险水平会随着杠杆率（负债权益比率）的上升而上升。为了避免因无力偿付债务而破产，企业会尽其所能保持高就业水平和产能利用率。

调整目标

错误或过于片面（单维）的目标是盈利能力不强的重要原因。"疗法"很明确。企业应努力设置坚定的利润目标。然而，这说起来容易做起来难，而且可能会引发文化冲击。我在这里概述几个具体措施。

企业报告

一位 6 人企业的小企业主曾告诉我："我从父亲那里学到了永远不要太关注收入，而应该关注剩余的利润。这就是我总是先看底线（净利润）的原因。"

因此，一位非常成功的企业家推荐了一个很容易使用的简单技巧。他将利润放在报告的顶线，将收入放在底线，从而彻底颠覆了传统的利润表。"在我的领导下，利润确实是最优先考虑的。这样做可以使每个人都关注利润。"

在一般的利润表中，收入位于第一行，即顶线，而利润似乎处于很低的位置。换句话说，利润可能会遗失在报告尾部的某个地方。我很怀疑这种处于底部的位置是否会剥夺其应有的关注度。在得到利润数据之前，读者往往需要了解 20 多行其他数据，除非直接跳到最后。一些简单的技巧，例如颠倒收入和利润的顺序，可能是朝着加强利润导向迈出的有益一步。

沟通

其中一个不可或缺的工具是，高层管理人员对利润导向进行反复有效的沟通。不幸的是，这通常是禁忌，尤其是在少数人持股的企业或家族企业中。谈论收入或市场份额比谈论利润，尤其是绝对利润要更容易，而谈论利润率或回报率可能就不那么敏感。一位沟通顾问是这样表达这一观点的："重要的问题是，企业是否以及如何成功地让员工毫无保留地公开谈论对利润的追求，并提出相应的激励措施。"有一位企业家，他以直销模式建立了价值数十亿美元的冷冻食品业务，给我写了这样一段话："收入是企业中最不重要的数据，我避免谈论收入，而是谈论利润目标。利润是扣除成本、利息和税收后剩余的收入。这就是一切，也是我要沟通的内容。"

时期和利润

设定目标时，管理层应该在什么时期实施，以及应该如何与团队沟通？是设定一个月、一个季度的目标最好，还是一年甚至更长时间的目标最好？一位企业家讲述了他的经历，并提出了一些建议："实践证明，利润目标应该按季度制定和沟通，而年度目标的效果要差得多。如果组织没有完成季度目标，那就还有机会在下一季度赚回利润。这种模式创造了一种全新的动力，从工厂工人到办公室助理，每个人都在思考如何让组织赚更多的钱。"正确选择时期可能确实会对利润导向产生强烈的影响。

首席利润官

有一家企业任命了一名首席利润官。这位管理者的使命是，不仅要夜以继日地思考企业自身的利润，还要考虑如何帮助客户增加利润。这位企业家说，这一概念受到了客户的欢迎。但与其说这是提高利润的可持续概念，还不如说这是一种新颖而巧妙的技巧。而在我看来，企业已经有了首席利润官，即它们的首席执行官。

再谈目标冲突

在第 3 章中，我们一般性地讨论了目标冲突问题。西蒙顾和的咨询顾问在项目中经常遇到目标冲突问题。这些问题可能出现在客户组织中的许多不同部门之间。最常见的冲突往往发生在财务和销售部门之间。而在其他情况下，营销和销售部门也会起冲突。分部的目标往往会与总部追求的目标不同。

此类冲突的一个实际例子如表 5-2 所示。不同管理者的目标优先级并不一致。首席执行官和销售主管会将利润导向放在首位，首席财务官和产品经理的首要目标是收入，而营销总监则优先考虑市场份额。

表 5-2　高层管理者之间的目标冲突或矛盾

职能	利润优先级	收入优先级	市场份额优先级
首席执行官	1	3	2
首席财务官	2	1	3
销售主管	1	2	3
营销总监	2	3	1
产品经理	3	1	2

注：1 代表优先级最高，3 代表优先级最低。

很明显，这样的目标冲突难以甚至不可能达成一致的利润导向。解决方法在于协调管理者的目标，有很多方法可以做到这一点：正式的协议、与目标一致的激励措施、联合研讨会、利用调解人或外部咨询顾问以及组织架构调整。在万不得已的情况下，企业可能不得不更换部分高层管理者。

错误的激励

激励是使投资者和受聘管理者的目标保持一致的最重要手段。错误的激励是企业绩效不佳的常见原因（从投资者的角度来看）。最令人震惊的一个例子是，尽管亏损，但企业仍向投资银行家支付高额分红。一些股票期权计划，例如，在首席执行官于尔根·施伦普的领导下，戴姆勒股份公司的股票期权计划就属于这一类。因此，如何才能阻止或最大限度地减小资本的巨大破坏？

显然，向高层管理者提供的各种股票期权计划并没有起到什么作用。阻止这一灾难需要一种更简单有效的方法。戴姆勒股份公司本可以要求首席执行官于尔根·施伦普将1 000万或2 000万欧元的自有资金投资于本公司的股票，而不是提供看似精明而实际上复杂而无效的期权计划，因为这些期权会给企业带来目标冲突的负担。他必须持有这些股票直到任期结束。其他C级（顶级）高管也以类似的方式参与。如果存在这样的激励机制，我相信戴姆勒股份公司的市值不会下降一半。

股票代替期权

股票期权和股票购买之间存在根本区别。股票期权类似彩票，而股票购买意味着管理者在这场博弈中有真正的利害关系。关键是投资者希望确保他们和管理者有相同的目标。股东的目标是什么？他们当然希望股价上涨，但在某些情况下，更重要的目标是确保股票价值不下跌！与之相反，股票期权几乎总是围绕价值增加而设计的。

当价值受损时会发生什么？股票期权不会让持有者承担损失，上行机会可能很大，但下行风险为零。与之相反，股东有下行风险，而不仅仅是上行机会。

我们可以用一个有意夸大的简单例子来说明这一理念。我们不妨来想象某一期权计划，允许管理者获得市值增长的 10%，但管理者不参与股价下跌。还有 A 和 B 两种行动选择。行动 A 有 50% 的机会看到总市值增加 50 亿美元，也有同样的机会看到总市值减少 100 亿美元。行动 B 各有 50% 的机会看到总市值增加 15 亿美元或减少 5 亿美元。根据行动 A，管理者的预期收益为 2.5 亿美元（0.5×50 亿美元 ×10%）。但股东将面临 26.25 亿美元的预期集体损失（0.5×50 亿美元 −0.5×100 亿美元 −0.5×2.5 亿美元的管理层预期收益）。行动 B 的结果相反。一个正面的结果是管理者可获得 0.75 亿美元（0.5×15 亿美元 ×10%），而股东获得 4.625 亿美元的预期价值（0.5×15 亿美元 −0.5×5 亿美元 − 0.5×0.75 亿美元的管理层预期收益）。假设管理者根据预期价值进行选择结果显而易见：行动 A！如果股东允许此类激励措施，他们不应该对结果感到疑惑。管理者以果断一致的经济方式行事，错误在于期权模型。

这些模型的一个关键点是管理者投资的重要程度。管理者投资的金额需要达到一定的数额，才能使之有痛感。而这取决于投资形式，可能是几十万或几百万美元。这种投资水平才能迫使管理者承担风险，并使之与股东处于同一条船上。这就是重点所在。德国西门子股份公司已经实施了这样一种激励机制。它要求高级管理人员"维持相当于其基本工资数倍的公司股权投资"。[162] 首席执行官的倍数定为3。以213万欧元的基本工资计算，这意味着首席执行官需要维持600多万欧元的投资。其他高级管理人员的系数是2，这意味着他们至少需要两倍于基本工资的投资。在某些情况下，这意味着个人投资超过200万欧元。这种水平的投资可能足以使一些高级管理人员"感到肉痛"。

这种激励机制的一个重要方面是持有期限的长短。如果想要在尽可能长的时间内维持管理者的导向，那么激励的期限应该反映这一点，甚至可以延长到超过他们在公司工作的期限。这将非常有效地支持长期导向，从而非常有效地支持管理者从股东价值角度考虑问题。

销售人员的薪酬方式也会对利润产生重大影响。最常见的奖励是销售佣金。如果企业奖励销售人员佣金，并赋予他们对价格谈判的控制权，就很可能会对利润产生负面影响。销售人员会力图使企业销售收入最大化，从而使自己的个人收入最大化。实现这一目标的最有效方法是设定相对较低的价格，而这会损害盈利能力，因为假设边际成本不为零，收入最大化价格总是低于利润最大化价格。这显然不符合企业的利益。企业应该为销售人员制定符合企业自身目标的激励制度。但这在实践中并不容易，因为企业通常不愿意向销售人员透露边际贡献。为了解决这一敏感问题，企业可以采用利润的代理指标，例如积分系统、反折扣激励或其他类似措施。我们在此类激励机制方面的丰富经验证明，在大多数情况下，它们对利润具有显著而持久的正面影响。

错误的行业选择

行业选择是影响企业利润的一个因素。如果在一个赚钱困难的行业或部门，即使有良好的管理，企业获得可接受利润的机会也很低。在博弈论中，有人谈到空核博弈（empty core）。市场的核心是让所有竞争者都能赢利。如果这一核心是空的，那么在这一市场上就没有钱可赚。航空运输业是个典型的空心行业，一位专家指出："航空运输业从未持续赢利。"[163] 在大约100年的历史中，航空运输业的累计利润基本为零。当然，这并不排除一些运营商，例如美国的西南航空或欧洲的瑞安航空，由于运营成本较低而获利。这就引出了一个问题：什么决定了企业能否在一个行业中赢利？

波特五力模型

哈佛大学教授迈克尔·波特制定了一个理性模型来帮助回答这一问题。决定利润潜力大小的五个因素如图5-4所示。[164]

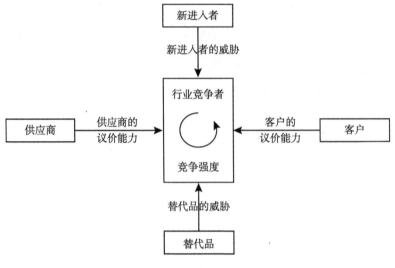

图5-4 波特五力模型

这一分析工具广为人知，我们在此仅做简要概述就足够了。企业之间的竞争对利润带来了压力。价值链上客户和供应商之间的供需力量平衡也会影响利润水平。如果一家企业很依赖强势的供应商，上游供应商就可以坚持高价销售，那么这家企业获取高额利润的可能性就很小。下游的情况类似。具有很强购买力的客户可以压低供应商的价格和利润。面对具有很强购买力客户的企业例子是汽车原始设备制造商和杂货零售商的供应商。即使是世界上最大的食品和饮料公司（雀巢）也面临艾德卡（Edeka）等欧洲零售巨头的利润压力。艾德卡威胁下架雀巢的产品，以获取更低的价格，想必已取得了成功。具有很强购买力的客户往往会迫使供应商公开成本，即所谓的公开政策。然后，强势的客户会拒绝让供应商赚取高额利润。只有强势的供应商才能拒绝公开账目。我见过有的供应商拒绝了这样的要求，并凭借技术、质量或品牌的优势顶住了压力。其他可以抑制利润的因素是替代品和市场新进入者的威胁。

如果在波特五力模型中能够找到利润压力的来源，治疗的效果应该是不言而喻的。当然，企业能否治疗成功是另一回事。在最坏的情况下，可以得出的结论是，在这五力中，即使不是全部，也有几个力（因素）在损害利润，这就意味着行业基本上没有钱可赚，因为行业是空心的。由此得出的结论是，企业应该关闭该业务或转行。

有趣的是，很多长期生存下来的企业都有过这样的转行经历，有的甚至还多次转行。例如，海涅尔（Haniel）和诺基亚。但换个角度，退出壁垒可能非常高，以至于企业难以离开当前行业。这一问题的一种常见解决方案是，企业与相似定位的竞争对手合并。根据波特五力模型，合并后的企业期望自己具有更大的竞争力。例如，德国的连锁百货 Karstadt 和 Kaufhof 的合并。另一种方案是进行多元化，通过开发新产品和新客户进入新行业。但此类举措存在较高的失败风险。

如果一家企业确定五力中的一个或多个正在损害利润，那么采取回避策略可能会带来更高的利润。例如，如果利润压力来自陷入价格战和市场份额争夺战的老牌企业之间的竞争，那么明智的解决方案是差异化或重新关注利基市场。隐形冠军凭借这一策略取得了持续的成功。所谓"蓝海战略"，即建议企业专注于竞争强度较低的细分市场，也是一种类似的做法。[165]

如果利润压力来自供应商，企业应尝试寻找替代供应商或开发新的供应来源。但是，多元采购的趋势可能会与规模经济背道而驰，而规模经济更容易通过单一采购实现。这同样适用于客户端。如果一家企业过于依赖一个客户，那么唯一的解决办法就是获取更多的客户，开拓新的市场。在进入亚洲市场后，一家欧洲食品供应商明显改善了利润状况，并将其对欧洲客户的依赖度从销量的65%减少到40%以下。在面对替代品和新的竞争对手造成的利润压力时，唯一的"解药"就是创新，在某些情况下甚至要改变商业模式。

这些疗法本身是相当明显的，并不是什么重大发现。难点在于执行。企业能否为无利可图的业务找到买方？如何成功进入新市场？如何在竞争中创造或扩大差异化？如何改善与重要供应商或客户的力量平衡？如何通过创新免受新的竞争对手和替代品的威胁？这些基于波特五力模型分析而获取的问题答案绝非微不足道，对利润微薄的企业来说是巨大的挑战。

产能过剩

产能过剩是指行业的生产能力超过需求。正如多年来我在许多项目中目睹的那样，这是个最严重的利润影响因素。即使是风能等成长型行业，也面临这一问题。"风车行业的产能超过全球需求的两倍。"一家行业协会的管理者告诉我。[166]

产能过剩几乎无处不在。在建筑行业的一个项目中，管理人员在产能过剩方面所花的时间和精力比在其他任何方面都多。钢铁行业一直抱怨产能过剩，而产能过剩似乎也一直都是汽车行业的问题。2017年，全球汽车工厂生产了9 900万辆汽车，因此，我们假设总产能至少有那么高。但在2018年产量降至9 100万辆，2019年降至8 900万辆。这表明至少有1 000万辆的过剩产能。实际数字可能更高，因为那些年新建了几座工厂。

产能过剩是市场开始成熟的典型现象，因为厂商高估了增长率。这也可能预示着市场出现了意外的下滑。即使在新兴市场，大量产能也能迅速投入使用。"产能过剩不仅是欧洲成熟市场的问题，新兴市场，产能的快速增长迟早成为汽车制造商面临的问题。"一位专家表示。[167]

一家大型工程公司的首席执行官简洁地描述了产能过剩对利润的不利影响："在我们这个行业，没有人能赚到钱。所有供应商都面临产能过剩的问题。每当一个项目进入市场时，都会有人需要这项业务，并开出自杀式的价格。有时是这家企业，有时是那家企业。尽管4家主要供应商控制着80%的世界市场，但没有人赚钱。"没过多久我就回应道："只要产能过剩持续存在，就不会有太大变化。"大衰退迫使其中一家供应商退出市场，而其余的竞争对手设法削减了产能。结果怎么样了？这一行业很快就赢利了。

在这家工程公司的股价连续多年波动之后，产能过剩问题一解决，其股价就在4年内上涨了8倍。各个竞争者如果单独行动，就不可能结束产能过剩的痛苦。只有几家竞争对手削减产能，价格才达到一定的盈利水平。

产能过剩的事实似乎并没有阻止投资者投入更多的产能。一篇关于豪华酒店的报道指出,"如今的产能过剩正在影响顶级酒店的客房价格",并且"标准越高,利润越低"。[168] 尽管价格环境非常恶劣,但大量投资仍继续涌入豪华酒店行业。这有可能使产能过剩问题进一步恶化。在许多企业和行业中,为了获取合理的回报,我目睹了无数的讨论和尝试,其中有些持续了数年。而每当产能过剩给市场带来压力时,这些尝试就不会奏效。首先必须解决产能过剩问题。

缺乏专注

我认为专注本身就是利润驱动因素。隐形冠军在这方面提供了令人信服的证据。从相反的角度来说,我认为碎片化或缺乏专注都是利润的主要影响因素,且以多种形式表现出来。最常见的一个例子是,企业年复一年地经营无利可图的业务,却始终无法改善自身的状况。当问管理层为什么会这样时,典型的答案包括沿袭企业传统与所谓的协同作用(即综效),以及需要在产品组合中加入某些产品。但在我看来,大多数情况下,真正的原因是缺乏抛弃无利可图业务部门的意愿。

"多元化"是缺乏专注的花哨别称。以下示例说明了为什么这是个问题。某一享有盛誉的家族企业,在材料、服务、传媒和零售等许多领域,均有传统的业务活动。其资产负债表上有大约70家企业,并持有100多家其他公司的股份。该家族企业的收入为 25 亿欧元，规模并不小。但自 2010 年以来，其年增长率仅为 1%，净利润率仅为 2.5%。大量无利润业务的拖累甚至抵消了在国际上表现强劲且盈利能力很强的两个业务部门的业绩。[169] 该家族企业并没有赚回资本成本。当然，所有者有权利用其认为合适的方式进行投资，并接受那样的业绩。他们的确不会挨饿，但我觉得这样的情况并不令人满意。

相反，也有一些企业在积极削减无利可图的业务。例如，欧洲烘焙食品行业的领导者 Griesson-de Beukelaer，其指导原则之一是"无利不营"。公司以姜饼业务起家，但在几年前意识到，由于短暂的销售季节和激烈的价格竞争，这一业务已无法实现持续盈利。于是，尽管其收入占总收入的 30%，该企业还是决定关闭这项业务。这一决定成功释放出的资源可以更有效地用于其他领域，使该企业能够持续稳健地提高利润。

世界领先的汽车技术供应商博世集团也承诺关停业绩不佳的业务线。例如，管理层选择完全退出太阳能行业，尽管已在这一曾极有前途的行业投资超过 20 亿欧元。家族发言人克里斯托夫·博世表示，在这一行业，集团遭受了极其惨痛的损失，且随着时间的推移，不断承受这些损失会削弱集团的行动能力。[170] 据传，现已造成 37 亿欧元损失。更明智的做法是，当某一行业的风险回报状况令人疑惑时，一开始就应该避免进入该"热门"行业。博世集团对电池行业就采取了这种做法。有时最好的选择是一开始就不要踏入某一行业。微软创始人比尔·盖茨曾指出，就一项好的战略而言，了解自己不想要什么与了解自己想要什么同样重要。总的来说，严格清除拖累利润的业务是个很好的建议。这最终适用于没有赚取经济利润的业务。将捆绑在这些业务上的资本投资到其他地方是更好的选择。

企业家陷入困境的倾向往往源于他们的个性。我观察到的现象是，在一个领域取得成功的企业家往往会幻想可在任何其他市场复制这种成功。还在上大学时，一位工程师就创立了其第一家电子企业。在12年内，该企业就成长为这一领域的欧洲市场领导者。创始人以9位数的价格将它卖给了一家美国企业。随后，他利用这些收入创办了几家新企业，并在众多行业中获得了其他一些企业的多数股权。他并没有成为被动的投资者，而是发挥了积极主动的作用，甚至还担任了一些企业的首席执行官。虽然有少数几家企业有微薄盈利，但总体上是亏损的，整个集团并不产生经济利润。

第二个是机械行业一个企业家的例子。他的企业的核心业务的回报很一般，也相当乏味，没有充分发挥这位企业家的创造力。因此，他几乎紧跟每一个新的潮流，从新能源到生物技术，从互联网和软件到健康和休闲。最终，他的投资组合增加到了27家企业，而且他对每一家企业都有最终决定权，而企业管理者的权力很有限。它们的收入在7.5亿欧元左右波动，但自2010年以来，年平均净利润率一直维持在1.5%左右，其中包括了一些年份的亏损和3.1%的峰值净利润率。

这两位企业家都非常能干。他们的工作量和获取的信息量是一般人无法想象的。我们不妨设想一下，如果能够更专注一些，他们可以取得什么成就。我相信，如果遵循世界隐形冠军的策略，将专注与全球化相结合，他们两个都可以成为世界市场的领导者，并获得非常高的利润。然而，由于太分散，自然不会产生经济利润。

缺乏专注在新兴市场最为明显。韩国、中国和土耳其有许多企业集团在众多业务领域开展业务活动。驱动力与上述几个例子中激励企业家的驱动力相似。在这些新兴经济体中，他们看到并抓住了许多机会。其中一些集团，例如韩国财阀三星和现代，确实在一些领域成功获取了世界级的地位，但这些集团中的大多数业务仍局限于其占据优势的国内市场，而没有发展成为国际领导者。

当缺乏专注而导致回报率降低时，解决方案很明确：更加专注，减少多元化。当然，这一建议具有两面性，因为会导致风险状况的变化。但在通常情况下，更专注并不一定会导致整体风险水平的增加。[171]

过分强调长期导向

过分强调长期导向会导致利润表现疲软吗？我不会明确地回答"是"或"否"，而将着重阐明利弊。我们围绕短期利润导向（只要不夸大）是否一定对长期利润目标有害进行过严肃的讨论。在此引用《哈佛商业评论》的一段话回答这一问题："一方面，人们一致认为，太多的企业为了平稳可靠的短期收益而牺牲了长期增长。另一方面，会计文献中的大多数大型样本研究揭示了差异——管理短期利润的企业比没有管理短期利润（而且不仅仅是短期内）的企业业绩更好。"[172]

长期导向需要连续性。造纸机器行业全球市场领导者福伊特集团（Voith）的前首席执行官赫尔穆特·科尔曼（Hermut Kormann）表示："战略的长期性源于战略承担者及其任期的连续性。"[173] 但任期连续性本身并没有好坏之分。如果一个软弱的高管长期在位，那显然是不利的，但能干的企业领导者的长期掌舵则是企业的福气。

令人惊讶的是，在管理文献中，很少有任期连续性方面的研究。柯林斯和波勒斯的研究是个例外。在《基业长青》一书中，他们将成功企业的首席执行官任期与不太成功企业的对照组进行了比较。[174] 作者称之为"强中强"的长期成功企业的首席执行官平均任期为17.4年，而对照组仅为11.7年。我自己对世界隐形冠军的调查结果进一步支持了连续性的价值，这些企业的首席执行官平均在位时间为20年。同时，有一种观点认为，长期赚取利润的短期压力会随着时间的推移带来更高的回报。至少，这种压力将确保企业不会继续拖延或推迟采取必要措施来改善业务。

过度连续、对传统的明确认同和尊重以及高舒适度都可能会导致利润导向的下降。以下对传统农民的评论就足以说明问题："归根结底，大多数农民的首要任务是让农场继续经营下去，而不是获取最高的利润。普通农民的目标是为家人和子孙后代提供安全保障，其他都是次要的。"[175] 也许这一陈述中并没有体现出内在的矛盾，而只是时间尺度上的巨大差异。传统的农民以世代为单位进行思考,而现代商人以三五年为期进行长期思考。在互联网等行业领域,这些观点可能非常适用,但最终,最好的选择在于避免走向极端,过分强调长期连续性可能与过分强调短期效果一样对利润不利。

国家层面的利润决定因素

赚取一定水平的利润的机会也取决于具体的国家层面的因素,例如税负、工会实力、市场规模、行业结构、银行体系、管理风格以及文化等。

成熟产业的主导地位

在一些国家,成熟的产业占主导地位。这些产业虽然波动性较小,但利润空间也较小。在日本,这些产业包括汽车和消费性电子产品。大多数欧洲国家也严重依赖于汽车、工程和消费品等传统行业。与传统行业的数量相比,欧洲只有少量的领导型互联网企业。

美国的情况则大不相同。在短期内,微软、苹果、亚马逊、谷歌、Facebook 等企业的利润水平和市值已达到了一些国家的 GDP 水平。在 2019 年,苹果、微软、字母表和 Facebook 的净利润合计 1 370 亿美元,超过了构成德国重要股指 DAX 的 30 家企业的利润总和,同时也超过了《财富》500 强中 250 家获利最少的企业的利润总和（830亿美元）。

扩大规模的障碍

创业强度因国家而异。对此的一种解释是，在不同国家和地区之间，风险资本的易得性存在差异。更大差异体现在扩大规模能力，即新企业达到显著规模的能力上。在这方面，中美两国的能力远超其他国家和地区。不同国家和地区的独角兽企业数量如图5-5所示。独角兽企业是指估值至少为10亿美元的年轻企业。该数据涵盖了24个国家和地区的494家独角兽企业，其中409家（总数的83%）是中国或美国的企业。[176]

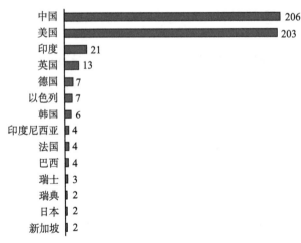

图5-5　不同国家和地区的独角兽企业数量

注：为了数据的集中呈现，省略了10个国家和地区的10家企业。

在企业的强劲增长阶段，有充足的资本供给是其成为独角兽企业的重要前提。中国和美国在这方面具有优势，因为两国都有发达的风险资本市场。国内市场规模也对企业发展起决定性的作用。在较小国家成功的策略若在中国或美国实施，在相同的时间内，可能会达到完全不同的规模，从而实现规模经济，并更快地达到利润区（profit zone）。即使在全球范围内来看，与美国的初创企业相比，较小国家的初创企业也发展得更慢，成功程度更低。Facebook 成立于 2004 年，在 2019 年获得了 185 亿美元的净利润；优步成立于 2009 年，在 2019 年 5 月上市时估值为 750 亿美元。而在较小的国家，这种规模化的成功几乎是不可想象的。

个人责任与团队责任

管理团队的责任因国家地区而异。这些责任对企业利润导向和实际利润水平都会产生影响。在美国，首席执行官承担全部的责任，类似于法国的有限责任公司中的董事长（PDG，Président Directeur Général）。德国的规定有显著差异。根据德国法律，董事会承担连带责任，董事长和首席执行官的职责严格分开。在日本，决策是经过长时间的协调后形成的，往往体现出一种团队共识。这意味着团队在形成决策的过程中发挥了强大的作用。

我认为，与团队承担集体责任相比，个体承担责任会更有可能产生更严格的利润导向。当团队承担集体责任时，更容易淡化目标。在前面提到的目标冲突中，这种情况尤为真实。群体决策时，发生冲突是常态，而不是个例。这些观点反映了我的经验，即所有者经营的企业通常具有更强的利润导向。企业所有者担任首席执行官或董事长，自然会比从外部聘请的管理者具有更高的地位，而他们个人也会直接受到亏损的影响。

根据领导层的背景，埃里克·弗雷泽（Erich Frese）教授提出了其他潜在原因。[177] 他比较了美国和德国企业高层管理人员的背景。传统上，德国企业的高层管理人员更多是工程师和科学家。弗雷泽认为，这种差异对企业的利润导向产生了影响。德国管理者更加注重技术目标，而美国管理者即使获取了技术或科学领域的学位，为了优化知识结构，也可能会去攻读工商管理硕士（MBA）学位，从而提高对利润作用的认知。

员工的力量

在不同国家，员工的力量和工会的作用也有很大的差异。在英国，工会曾经非常强大，但在玛格丽特·撒切尔首相任期内，这种力量受到削弱，并在持续衰弱。今天美国工会的力量也比以前薄弱得多。但在法国，工会持续在政治上发挥强有力的积极作用。德国工会的情况比较独特。这是因为德国有共同决策的法律。在员工人数超过2 000人的企业中，股东和员工在企业董事会中的席位必须相等。这种平衡可能是对抗性的，但因为员工现在分担了创业责任，也给员工赋予了权力。这通常会培养一种通过双方共识进行管理的企业文化。这种文化通常会产生很多好处，例如罢工的天数减少了，可能更容易实施在某些情况下会引起极大争议的重组措施。企业内部的社会和平（social peace）可以对生产力产生积极影响。即使如此，员工的力量和影响似乎也会削弱企业的利润导向。

银行的作用

各国之间的另一个明显差异是银行体系的性质。在瑞士，三大银行的市场份额合计为 80%，而同样的集中度在法国为 41%，在德国为 31%，而在美国仅为 18%。[178] 一项研究指出："银行业的高度集中与个别银行的市场权力密切相关。"[179] 人们认为，高度集中的市场导致银行为其融资项目的盈利能力制定严格的标准，而且具有执行这些标准的能力。

在这方面，德国是一个有趣的例子。德国的储蓄银行和合作银行占市场份额的三分之二。由于有深厚的区域根基，这些银行与当地企业建立了密切的关系。这些企业通常称其为"房屋银行"（house bank）。银行与中小企业的联系尤为密切。我常常思索是什么驱使银行为某些在我看来成功机会很小（而且往往失败）的项目提供资金。最可能的原因是地方银行对利润的要求比大银行更为宽松。如果某家企业在一家银行有一大笔未偿还贷款，那么当这家企业面临危机时，银行很难选择撤资，并让其倒闭。在最坏的情况下，企业可能会拖欠贷款。这使银行别无选择，即使预期的回报和利润不足以证明扩大信贷额度的行为是合理的，也只能扩大信贷额度。在我看来，银行应该在利润导向方面施加更大的压力,因为银行通常具有很大的影响力来推动此类改进。

税收

很明显,高企业税率降低了净利润。毕竟我们将最终相关利润指标定义为税后收益(EAT)。各国企业税率的巨大差异如图 5-6 所示。[180]

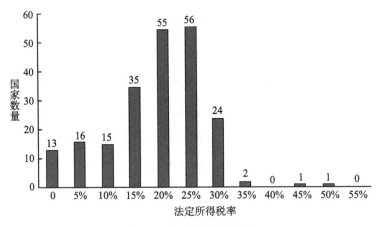

图 5-6 全球企业税率分布

大多数大国的税率在 20% 到 30% 之间,例如,美国为 21%,中国为 25%,德国为 30%。税率处于较高水平的是日本(31%)和法国(33%)。较小的国家通常税率较低,例如瑞士(18%)、新加坡(17%)和爱尔兰(12.5%)。这种差异也在一定程度上解释了各国净利润的差异。如果一家企业的收入为 100,税前收益为 10,则其净利润率在爱尔兰为 8.75%,而在法国仅为 6.7%。

但中国香港的一位企业家向我指出了另一个影响:"在高税收国家,企业会产生更多的成本,但不会考虑太多,因为他们知道政府与这些成本息息相关。而在低税率国家,这种思路是不存在的。在这些低税率国家,政府参与的成本没有被计算在内,由企业家承担这些成本。这加强了对利润导向的承诺。"这种行为也许可以解释为什么高税收国家的企业利润率往往较低。可以这样表达这种情况:高税率降低了追求利润最大化的动力。一方面,根据定义,高税率减少了股权所有者的剩余金额。另一方面,政府在企业的成本中占有更大的份额。

负面含义

"利润"和"利润最大化"等术语和短语的含义也因国家和地区而异。有一句话充分体现了美国的普遍情绪:"利润是一种态度,而态度是长期盈利的基础。"[181] 但是,虽然美国普遍对"利润"一词持正面的看法,[182] 但这一词在其他国家的含义往往是负面的。IBM 的一位德国经理告诉我:"我一次又一次地观察到,需要利润导向的声明并没有体现在高层管理人员的日常行动中。在一些国家,'利润'这个词的负面含义是不可避免的。这促使我一直使用这个词。在同事中,我以'你不能靠收入生活'这句话而闻名。我希望我的发言产生了一些影响。当然,我能确保所在团队的激励机制是围绕利润而不是收入建立的。"

我怀疑"利润"一词的负面含义与我在第 4 章中描述的嫉妒

有关。[183] 利润带有的负面含义，在一些情况下甚至被视为"禁忌"，不利于企业追求利润导向。相反，在利润具有正面含义的国家更适合做出利润导向的承诺。

最后需要指出的是，关于利润弱点的诊断和治疗还有许多悬而未决的问题。为什么瑞士的净利润率比德国高3倍，比美国高50%？税率差异不可能是造成这些巨大差异的唯一原因。与美国相反，瑞士缺乏在一般情况下会带来更高利润的规模经济。我将较高的利润率简单地归因于瑞士企业家和管理者专注于利润导向。如何解释法国的净利润率比德国高三分之一，尽管法国的税率更高，而且政府对经济的干预程度更高？同样，不同之处在于法国管理者更严格地坚持利润导向。这是我亲眼所见。我相信国家特定的文化因素对利润有重大影响。

小　结

在本章中，我们研究了盈利能力差异背后的原因。我们关注具有总体特征但不能直接归因于三个利润驱动因素（即价格、销量和成本）的方面。在微薄的利润背后找出直接的因果关系并不容易，因为即使是相关学者也无法诊断原因。因此，我们不应怀着不切实际的期望开始这种探索，不能期望能够治疗和治愈不良的利润表现。尽管如此，我们还是可以对原因和解决方法得出几个结论。

目标错误可能是利润微薄的最重要原因。大量的研究和实证观察表明，在实践中，企业往往更强调收入、销量和市场份额目标，而不是利润目标。在现实中，当把利润设置为首要目标时，企业却常常关注过于短期的利润。这不符合股东价值理念的长期导向。个人的经验告诉我，主导管理者思维的目标往往既不集中于利润，也不来源于利润。目标冲突这种十分常见的情况往往使问题变得更糟。因为同一企业的不同部门会朝不同的方向努力，并且相互冲突。

获取可持续利润乃至更好的经济利润的机会不仅取决于企业本身，还取决于其所在的行业。波特五力模型提供了诊断行业利润机会的有效工具。由于竞争者、供应商和客户的共同影响，有些行业很难赚钱，并且几乎不可能赚取经济利润。如果一个行业出现这种情况的可能性增加，而退出这一行业的壁垒并不高，那么，最好的选择就是转行。其他选择包括差异化、更精确的市场细分或所谓的蓝海战略。

缺乏专注是利润不高的另一个原因。许多企业选择保留而不是削减无利可图的业务部门。在一个领域取得成功的企业家有时会有一种错觉，以为他们的专业知识可以直接转移到其他领域。多元化可能会降低整体风险水平，因为企业并没有把所有筹码都押在一张牌上，但往往会冲淡利润。解决业务过于分散的方法是隐形冠军策略，将专注与全球化相结合。

除了这些一般性因素，不同国家和地区的一系列具体因素，如税收负担、劳动力成本和法规以及工会的力量等，也会影响企业的盈利能力。乍一看，不同国家造成利润疲软的根本原因并不那么明显。这些原因包括成熟行业的主导地位，其在减少波动性的同时，也限制了获利机会。在许多国家，由于国内市场规模小、缺乏风险资本以及无法快速全球化，初创企业在扩大规模方面往往力不从心。中国和美国似乎在扩大企业规模方面提供了最佳条件，超过80%的独角兽企业来自这两个国家。

一个国家典型的管理结构、银行体系和对利润的态度也会影响盈利能力。当由管理团队分担而不是由个人（首席执行官）承担责任时，获利机会可能会减少。一个由许多小银行组成的分散型银行系统，可能比由几家强有力的大银行领导的集中型银行系统，对其客户施加的利润压力更小。将利润视为带有负面含义的文化不利于利润导向的形成。

尽管如此，我们的诊断和治疗方案仍有许多希望。企业有许多提高利润的具体起点。这些起点有些是通用的，有些是因国家和地区而异的。在接下来的三个章节中，我们将把注意力转回到三个利润驱动因素（即价格、销量和成本）上来寻找更多的提高利润的机会。

第6章

利润驱动因素：价格

我们知道，利润驱动因素只有三个，即价格、销量和成本。收入是价格和销量的乘积，收入减去成本（包括可变成本和固定成本），得到的结果就是利润。由此可见，基本关系是非常简单的，但由于多种原因，价格管理的现实情况却很复杂。

作为利润驱动因素的价格的特征

作为利润驱动因素，价格在管理、控制、效应方面具有一些有趣的特征。我们要问的第一个问题是，谁会受到价格措施的影响？第一个必然是客户，他们是价格行为（price action）对销量和利润影响的最终决定者。客户决定对价格变化做出什么反应，即是否在价格上涨时少买或在价格下跌时多买。但价格措施也会影响供应商的销售力量，因为销售人员需要向客户证明价格行为的合理性。当价格行为是价格上涨时，证明其合理性是一项不受欢迎的艰难任务，尤其是在谈判时。我遇到过销售人员公然抵制管理层提价决策的情况。当价格降低时，销售人员与客户就会更容易达成交易。无论如何，销售团队支持价格措施是非常重要的，否则交易就很容易失败。

价格对利润有很大的影响。价格通过决定边际贡献直接影响利润，并通过影响销量而间接影响利润。对于消费品而言，价格弹性（即价格对销量的影响程度）是广告弹性的 10 到 20 倍，大约是销售（人员）弹性（sales force elasticity）的 8 倍。[184] 换句话说，价格变化 1% 带来的影响是广告预算变化 1% 带来的影响的 10 到 20 倍，是销售预算变化 1% 带来的影响的 8 倍。Sethuraman 等人发现，一家企业需要将其广告预算增加 30% 才能产生与价格下降 1% 相同的销量提升效果。[185]

快速配置和响应时间

价格是一种企业可以快速配置的工具，功能多且反应灵敏。计划和实施改变产品（通过创新、研究和开发）、广告活动或企业成本结构都需要时间，而且这些改变也需要时间才能巩固落实。与此相反，价格可以随着业务情况的变化而迅速调整，除非价格被具有约束力的合同或已成文的商品目录限定。互联网进一步提高了价格的响应能力和变更速度。只需点击一下按键,在几秒钟内就可以更改价格。动态定价的概念就是利用这种极快的变更速度来不断调整价格以反映当前的供需情况。

价格对客户的影响也会很快显现出来。如果一家加油站改变价格,而其当地竞争对手没有跟进,在几分钟内,市场份额可能就会发生巨大的变化。这同样适用于创造了前所未有的价格透明度的互联网。客户只需要点击一下就可以获取各种供应商的实时价格信息,无须进行任何额外研究就可决定选择哪种报价。在商店中消费者扫描商品的条形码,就能知道同一产品在网上或附近商店的售价。一家企业改变其他营销策略时,比如新的广告活动、新产品的推出,客户需求都需要时间来做出反应,而这种时间滞后可能相当严重。

这种实施和反应速度的另一面是,竞争对手也可以通过调整价格来快速做出反应。这样的价格反应往往是迅速和强烈的,甚至很有可能会发生损害利润的价格战。根据西蒙顾和的一项全球定价研究,在接受调查的 1 643 家企业中,约有 57% 的企业表示正在参与价格战。[186] 由于企业对彼此价格变化的反应速度非常快,因此这种价格措施本身一般不会产生竞争优势。此外,企业还需要具有可持续的成本优势或更大的财力,才能阻止竞争对手跟上自己的步伐。在互联网时代,这比以往任何时候都更适用。

价格也是唯一不需要任何预先投资或支出的营销工具。这意味着即使资金紧张,企业也可以设定一个最优价格,这是初创企业或新产品发布时的典型做法。而对于广告、销售或研发等营销手段来说，当前支出与由此产生的未来现金流之间存在的时间差意味着由于缺乏融资能力，最优价格往往是不可行的。如果我们综合考虑价格相对于成本降低或营销投资的特殊性，就会发现如图 6-1 所示的优势。

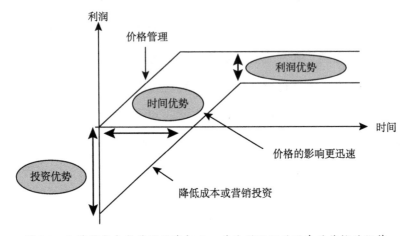

图6-1　与降低成本或营销投资相比，作为利润驱动因素的价格的优势

投资优势是指价格优化比降低成本或营销投资需要更少的前期资本。时间优势是指价格对利润的积极影响会更快发生。最后，利润优势是指在所有营销手段中，价格对利润的影响最强。

关注价格

因为价格在利润驱动和营销方面起到了独特的作用，所以我们设想企业家和高层管理者会非常关注价格。但在实践中，情况往往并非如此。与之相反，管理者始终考虑的是成本，并为此消耗了大部分的精力。广告和销售等营销手段驱动的销量也往往比价格更吸引管理层的注意。总而言之，许多企业并没有以其应有的专业性和严肃性来对待价格。

一家工程公司的事迹反映了这种情况。当被问及公司如何确定价格时，一位高层管理者是这样回答的："我们一般将制造成本乘以2.5来算出价格。剩下的就看销售了。"这样的方法不一定是错的。但经过仔细分析就会发现，这家公司浪费了大量的资金。一家大型银行的一位高层管理者的说法也很能说明问题："这家银行已有125年的历史。据我所知，这一项目标志着我们第一次以专业的方式定价。"

价格体系的复杂性

造成价格管理复杂性的一个因素是产品和服务组合的结构。只有一种产品和一种价格的企业基本上是不存在的。几乎每家企业都销售多种或不同形式的产品，因此需要设置相应数量的价格。杂货店、家装店、药店、工业制造商和零配件供应商的分类目录通常包括数万甚至数十万种产品，每一种产品都需要一个价格。银行、酒店、餐馆和类似的服务提供商很容易就会有包含数百个项目的价目表。

最终决定利润的价格通常包含多个参数，并以多种形式出现。除了基本价格外，还有折扣、退款、奖金和其他特别优惠，以及一系列条款和条件。还有基于客户的价格差异化、多维度价格、捆绑销售和分级价格的多层分销，在此我们只列举几个最重要的形式。

互联网掀起了一股巨大的定价创新浪潮，如统一费率（flat rate）、动态定价、免费增值（freemium）、预付费系统、按使用付费以及自主定价等。系统使用人工智能进行自主定价。在一年内，航空公司会更改价格数百万次。

我们也不应忘记，许多价格是经过协商而非卖方自行设定的。这适用于大多数B2B交易以及许多较大的B2C采购，如汽车和家具等的价格。

上述这些特征和复杂性使价格管理成为一项高风险和高回报的任务。它在为提高利润提供了巨大机会的同时，也带来了损害利润的重大风险。企业需要对每一价格的组成部分制定决策。价格作为利润驱动因素的作用过于复杂，无法在本书中全面论述。因此，在这里只讨论最重要的方面。如果需要更全面的论述，请参阅《价格管理》一书。[187]

价格与销量

价格管理要探讨的第一个方面是价格变化和销量变化对利润的相对影响。我们以电动工具为例来进行说明。某公司目前每年以100美元的价格销售100万台电动工具。可变单位成本为60美元，固定成本为3 000万美元。总收入为1亿美元，扣除总可变成本（6 000 万美元）和固定成本（3 000 万美元）后的利润为 1 000 万美元。因此，税前销售回报率为 10%。[188] 这说明该业务是有利可图的。如果我们单独将价格或销量提高 5% 会发生什么？结果如图 6-2 所示。

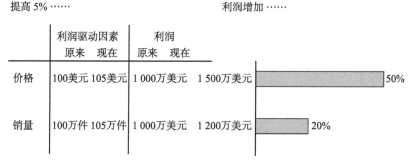

图 6-2　提高价格、销量对利润的影响

如果我们将价格提高 5%，收入将增加到 1.05 亿美元。因为销量没有变化，成本保持在 9 000 万美元不变。这意味着利润增加了 50%，达到 1 500 万美元。如果我们将销量增加 5%，达到 105 万台，情况就会大不相同。收入增加到 1.05 亿美元，但提高销量也会增加可变成本，在本例中为 6 300 万美元。因此，总成本（可变成本加固定成本）上升到 9 300 万美元。由此剩下的净利润为 1 200 万美元，仅增加了 20%。

假设我们将价格、销量提高 5%，[189] 价格上涨带来的收入增长比销量增长带来的相同幅度的收入增长更有利可图。这适用于边际成本为正的情况。如果边际成本为零，就像软件或数字产品的情况，同等幅度的价格上涨和销量增长带来的利润增长就没有什么区别。

与之相反，如果我们将价格或销量降低 5%，会发生什么情况？结果如图 6-3 所示。

降低 5%……	利润驱动因素		利润		利润下降……
	原来	现在	原来	现在	
价格	100美元	95美元	1 000万美元	500万美元	−50%
销量	100万件	95万件	1 000万美元	800万美元	−20%

图6-3　降低价格、销量对利润的影响

利润的减少是前一种情况的镜像。如果价格下降 5%（假设销量不变），利润就会下降 50%。如果销量下降 5%（假设价格不变），利润下降仅为 20%，因为可变成本下降 300 万美元，总成本从 9 000 万美元下降到 8 700 万美元。

尽管如此，这两种情况对实际利润的影响是不对称的。在增长的情况下，价格增长比销量增长更有利可图。如果市场正在萎缩，最好接受销量下降，而不是价格下降。从严格的利润导向的角度来看，这些建议再清楚不过了。但其他目标可能会与这些建议发生冲突。接受较低的销量，可能会对就业产生影响，导致裁员。另外，在增长的情况下，纯粹的价格增长不会创造更多的就业机会，因为销量保持不变。

价格的利润弹性

一个变量的百分比变化与有因果关系的变量的百分比变化之间的关系称为弹性。价格的利润弹性是指价格变动1%时利润的百分比变化。在图6-2和图6-3所示的例子中,价格的利润弹性为10(50%除以5%),而销量的利润弹性为4(20%除以5%)。在现实生活中,这种利润弹性的表现是什么样的?价格上涨1%将如何改变所选的《财富》500强企业的利润?与前面的示例一样,我们假设仅价格变化1%,而所有其他参数保持不变。[190]

选自9个国家的25家企业的答案如图6-4所示。[191] 为了便于直观理解,我们用百分比表示利润的变化。

1%的价格上涨幅度相对较小,但对利润的影响却很大。如果全球最大的汽车技术供应商博世能够在不损失销量的情况下将价格提高1%,那么利润就会增长34.2%。全球最大的零售商沃尔玛的利润就会增长24.6%,而亚马逊的利润就会增长16.9%,通用汽车的利润就会增长14.3%。

即使对于苹果、字母表公司和阿里巴巴等高利润的互联网企业来说,1%的小幅提价也会将利润提高3%左右。从绝对值来看,这意味着苹果将额外增加利润18.2亿美元,字母表增加11.3亿美元,阿里巴巴增加5.15亿美元。

但是,在这些情况下,其他条件不变的假设是否现实?当价格变化时,销量真的会保持稳定吗?当然,答案是销量一定会改变。但是,1%的价格小幅度上涨只会导致微弱的销量反应,这一假设应该与事实相差不大。此外，在很大程度上，对销量的影响取决于企业如何上调价格。在西蒙顾和的数百个项目中，我们都经历过这种事情。在一个工业供应商的项目中，我们推荐了一种"反折扣"激励。如果销售人员给予客户较小的折扣，他们的佣金就会增加。新系统迅速见效。在3个月内，销售人员给予的平均折扣下降了2个百分点，而销量或客户没有任何损失。这相当于价格上涨2%而销量没有下降。由此产生的利润增长为16%，对应的价格利润弹性为8。按绝对值计算，利润增长超过1亿美元。可见，价格是极有效的利润驱动因素。因此，优化价格非常值得一试。

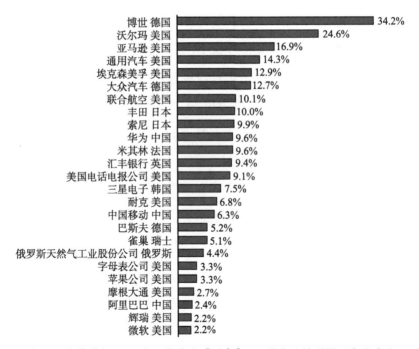

图6-4　当价格上涨1%时，所选的《财富》500强企业的利润百分比变化

利润最大化价格

一般来说,利润最大化价格是由基于(价格)弹性的边际成本加成确定的:

利润最大化价格 = 价格弹性 × 边际成本 / (1+ 价格弹性)　　(6-1)

也就是说,决定利润最大化价格的因素有两个:边际成本和价格弹性。这里的价格弹性衡量的是价格变化 1% 所引起的销量的百分比变化。由于价格上涨时销量下降(反之亦然),因此价格弹性为负数。价格弹性越小(绝对值),边际成本加成就越高。如果价格弹性为 -3,则边际成本加成为 50%。如果价格弹性为 -2,则边际成本加成为 100%。价格弹性的一般值介于 -4 和 -1.5 之间。我们应该注意到式(6-1)与成本加成定价(cost-plus pricing)并不相同,而是表示一般的最优条件。价格弹性通常随价格水平而变化,这意味着它不是一个常数,边际成本也是如此。

最优价格总是位于价格弹性的绝对值大于 1 的范围内。如果绝对值较低,则价格上涨对单位边际贡献的正面影响大于对销售额下降带来的负面利润影响。因为收入最大化价格的价格弹性等于 -1,所以利润最大化价格总是高于收入最大化价格。

从式(6-1)得出的一个非常重要的结论是,固定成本与利润最大化价格无关。固定成本不会出现在最优价格公式中。

当价格响应和成本函数为线性的时,利润最大化价格恰好位于最高价格（销量为零）与可变单位成本（在线性情况下与边际成本相同）之间的中点。利润曲线是对称的。这意味着向上偏离最优价格对利润的负面影响与向下偏离恰好相同。与传统观点相反，过高的价格和过低的价格对利润的损害是一样的。

线性的价格响应和成本函数的另一个结果是，当可变单位成本发生变化时，无论是上升还是下降，只有一半的变化应该反映在利润最大化价格中。因此，成本增加应该只是部分地转嫁到价格中。这同样适用于关税和汇率变化。这一理论证实了供应商应与客户公平分享成本状况（好或坏）的任何变化的经验法则。企业实际上应用了这条法则。当牛奶采购价格上涨10美分时，折扣杂货连锁店奥乐齐（Aldi）只将7美分转嫁给了客户。这同样适用于采购价格降低的情况。奥乐齐承诺将节省下来的钱让利给客户。与此类似，瑞安航空首席执行官迈克尔·奥利里（Michael O'Leary）承诺：将"几乎所有"的成本节省让利给客户。[192]

现在我们来总结一下：

- 利润最大化价格是由基于价格弹性的边际成本加成确定的。
- 固定成本对利润最大化价格没有影响。因此，任何基于全成本的价格设定都是没有意义的。
- 利润最大化价格总是高于收入最大化价格。这意味着收入最大化不是一个明智的目标。
- 高于和低于利润最大化价格的偏差对利润一样有害。

- 当价格响应和成本函数为线性的时，利润最大化价格位于最高价格和可变单位成本之间的中点。

马克思主义定价

如果我问："你是马克思主义者吗？"然后我接着问："如果你不是马克思主义者，那你为什么要用马克思主义的方式来定价？"马克思的劳动理论今天在定价方面仍然存在影响。我来解释一下为什么会这样。

卡尔·马克思（1818年—1883年）重要的贡献之一是劳动价值论。根据该理论，只有劳动才能创造价值。马克思承认工人在工作效率和资质方面存在差异，因此认为他们每单位时间创造的价值不同。[193]但其理论的核心是只有劳动才能创造价值。因此，劳动力成本是计算价格的唯一基础。

在现代术语中，我们把这种方法称为"成本加成定价"（cost-plus pricing）。根据几十年来在世界各地的观察，我认为当今经济中80%的价格主要是由成本决定的，并且所有成本都是劳动力成本。律师、咨询顾问和大多数其他服务提供商按服务时间收费（按小时、天、月收费）。如果一家汽车企业向供应商购买零部件，这些零部件会将劳动力成本带到价值链的上游。

从本质上讲，即使是原材料成本也包括劳动力成本。如果产品的价格基于相应成本的加成，那么我们就有理由谈论马克思主义定价。卡尔·马克思的劳动价值理论被西方管理者认为完全过时了。尽管如此，成本加成定价法（cost-plus pricing），也就是马克思主义定价，不仅继续存在，还占据主导地位。

价格差异化和利润

到目前为止，我们都假设统一定价：一种产品只按一种价格销售。如果一家企业每种产品只按一种价格销售，那么就会有大量未开发的利润潜力。

图 6-5 说明了这一观点。如果价格响应和成本函数是线性的，那么大的阴影三角形表示总利润潜力，而统一价格仅收取浅色阴影矩形显示的金额。换句话说，在这一结构中，统一价格只收取了一半的潜在利润。如果函数是非线性的，那么在细节层面上情况会略有不同，但总体情况是相同的。如果客户的支付意愿各不相同，那么收取统一的价格必然只能开发一部分利润潜力。

为了从图 6-5 所示的三角形中获取最大可能的利润，企业需要差异化价格。有很多差异化的形式。在集市、汽车经销商和工业产品或服务的交易中，单独的价格谈判很常见。拍卖利用了出价最高者的个人支付意愿。除此之外，我们可以通过以下途径观察到价格差异化：

- 个人：老年人、学生、儿童、俱乐部会员、各类工人和专业人士。
- 多人：家庭、团体、协会。
- 采购量：批量折扣、实物回扣、奖金和非线性价格系统。

- 时间：季节性价格、周末价格、晚间电价。
- 地点：国外与国内、城市与郊区／农村、地方与全国。
- 渠道：本地商店、超市、火车站、机场、批发、互联网。

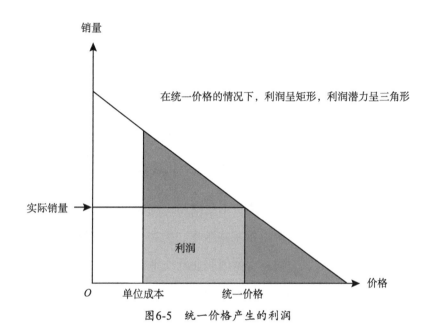

图6-5　统一价格产生的利润

其他形式包括多维价格体系。例如，基本价格和使用价格。此类形式包括信用卡、电话和数据计划、亚马逊Prime会员专享折扣（Amazon Prime）以及德国铁路公司提供的优惠打折卡（BahnCard）。企业还可以提供捆绑销售，即当客户同时购买多种产品时可以享受价格折扣。众所周知的捆绑销售包括快餐菜单（汉堡、薯条、饮料）和微软办公软件（如Word、PowerPoint、Excel和Access）。

价格差异化带来的利润提高潜力如表6-1所选的例子所示。

这些结果都假设企业实际上可以根据支付意愿对客户进行组合和分离。

表 6-1　价格差异化带来的利润提高潜力

价格差异化方法	可能的利润提高幅度
两个价格代替一个价格	30%
三个价格代替一个价格	50%
非线性价格电影院	36%
多人价格旅游	17%
价格捆绑消费品	22%
价格和汽车的功能捆绑	21%

互联网引入并推广了新的价格差异化形式。

- 统一费率：使用或消费不受限制（例如，Spotify、奈飞）。
- 免费增值：免费提供基本版本，但客户使用高级版本必须付费（例如，领英、德国职业社交平台 Xing、Spotify）。
- 自主定价：客户出价，供应商决定是否接受（例如，美国旅游服务网站 Priceline）。
- 按需支付：客户按某一价格支付，供应商提供该价格对应的商品或服务［例如，某些动物园、摇滚乐队电台司令（Radiohead）、一些餐馆和酒店］。
- 按使用量付费：客户按实际使用量或消耗量付费（例如，喷气发动机按推力付费；轮胎按行驶英里⊖数付费；自行车或滑板车按使用时间付费）。在按使用量付费模型中，使用传感器的自动测量很重要。

⊖　1 英里 =1 609.344 米。

价格差异化的最终目标是利润从图6-5中的矩形转化为更大的三角形,挖掘出全部利润潜力。价格差异化的成功实施可以带来可观的利润增长。但价格差异化也存在风险。如果企业不能根据支付意愿对客户进行细分,那么价格差异化的尝试可能会适得其反。有更高支付意愿的客户最终会以从未针对他们的低价购买。如果客户群体之间没有有效的"栅栏",价格差异化产生的利润水平可能会低于采用统一价格所能达到的利润水平。

我们将价格差异化总结如下:

- 利润潜力,从图形上看,通常像一个三角形。[194] 统一定价只会在这个三角形中划出一个矩形,留下大量的未被挖掘的潜在利润。
- 挑战在于通过覆盖尽可能多的三角形面积来扩大利润。这需要价格差异化,而差异化有许多种形式。
- 关键的先决条件是能够根据客户的支付意愿将客户区分或"隔离"。企业需要以这样一种方式来管理不同的价格,即有更高支付意愿的客户确实会支付更高的价格,而不是利用较低的价格占便宜。
- 互联网开创了众多价格差异化模式,并广为流行。如果要成功实施,就需要相应的技术手段和降低交易成本。

从组织的角度来看,价格差异化,尤其是其实施,是一项复杂的任务,但相对于统一价格,可能会带来更强劲的利润提高。

价格心理学

近年来，除了单纯的经济和定量利润效应，价格相关心理学内容也引起了极大的关注。行为经济学研究揭示了可以对利润产生巨大影响的许多价格现象。消费者的一些相应的行为被认为是非理性的。[195] 然而，究竟是真的非理性，还是仅仅是简化了的决策规则，这是一个悬而未决的问题。

其中的一些心理效应早就广为人知。

- 价格是质量的指标：消费者认为高价格是高质量的体现。
- 势利效应或凡勃伦效应：因为某产品是更高社会地位的标志，所以该产品的感知效用随着价格的上涨而提升。

由于这两种现象，价格响应曲线的某些部分可能具有正斜率。换句话说，价格上涨会导致销量增加。所谓的吉芬悖论可以产生同样的效应，但很可能只适用于贫困情况。

除了这些经典效应外，新的研究还揭示了与经济理性明显矛盾的其他现象。

- 锚定价格效应：消费者寻求参考点，用来判断产品或服务的价格有多优惠。为此，他们会比较或使用不一定有事实依据的信息。
- "中间价格的魔力"：当信息有限或缺乏时，消费者倾向于选择价格适中的产品。比如，我的农场需要一把挂锁，但这是很少有人购买的物品。在家装店，相应尺寸的挂锁价格从 4 美元到 12 美元不等，我选择了一把 8 美元的挂锁。
- 扩大价格范围：如果一家餐馆通常销售的葡萄酒价格在 20~30 美元一瓶，现在在菜单上增加了 50 美元一瓶的葡萄酒，那么即使没有人购买 50 美元一瓶的葡萄酒，30 美元一瓶的葡萄酒的销售份额也会增加。
- 创造稀缺性：如果某个产品给人一种供应量低或供应有限的印象，那么支付或购买的意愿就会增强。
- 更多选择：对于银行产品，如果提供更多选择，就会提高平均价格。
- 展望理论：根据该理论，正负边际效用是不对称的。例如，汽车保险应用了这一理论并从中获利，消费者一次性预付年度保费，但保险公司分期小额退款或支付报销款。但我们应该谨慎对待这一模型。一项针对健身中心的研究表明，年费最好分 12 期收取，而不是一次性收取。按月付费可以提高健身中心的使用率和用户忠诚度。[196]

将这些观点应用于价格心理学所产生的利润效应往往是巨大的，但应该谨慎行事，因为可能会导致意想不到的后果，让客户感到受骗……从而在网上表达不满。

溢价策略

现代市场日益细分，从奢侈品到超低价商品，应有尽有。在这两者之间，人们发现了溢价和低价的位置。超低价细分市场几乎只存在于新兴和发展中市场。而奢侈品细分市场通常很小，但利润很高。在这里我们来分析一下溢价策略和低价策略。

苹果、吉列、保时捷、美诺（Miele）以及四季（Four Seasons）和丽思·卡尔顿（Ritz Carlton）等连锁酒店一直采用溢价策略。在工业品市场，也有企业使用溢价，例如，制造风力涡轮机的 Enercon 或制造专业烹饪用具的莱欣诺。只有在企业始终如一地为客户提供卓越的价值时，溢价才是可持续的。关键的竞争优势通常在于适当的价格 - 价值关系。这与奢侈品领域形成鲜明对比，后者的竞争优势来自声誉。一般而言，创新是成功获取可持续溢价的基础。这不仅包括突破性创新，还包括持续改进，正如美诺的座右铭："精益求精。"成功的溢价产品的特点是产品质量始终保持高水平，服务也必须符合高水平的标准。

溢价企业通常拥有强大的品牌。品牌的一项功能是将技术优势（通常是暂时的）转化为形象方面的永久优势。溢价企业在沟通方面投入了大量资金，从而使产品的价值和优势显而易见，易于理解。最终重要的是客户感知价值，而不是客观价值。然而，它们在折扣和促销方面会更加谨慎，因为过度使用这些工具会危及它们的溢价定位。

溢价的关键挑战在于如何在价值和成本之间取得平衡。这些企业强调高客户价值，这不仅包括核心产品本身，还包括全面的服务。同时，成本必须维持在可接受的水平。

低价策略

低价策略的成功因素很不一样。依靠低价策略取得持续成功的企业，如奥乐齐、飒拉、宜家、Primark、优衣库、西南航空和瑞安航空等，从一开始就专注于低价格和高销量。这类企业通常都创建了全新的商业模式。它们都不是从高价供应商转变为低价供应商的。它们也以最高的流程效率和快速的库存周转率运作。这些能力使这些企业即使在价格较低的情况下也能获取足够的利润。

它们确保质量达到客户可接受的一致水平。即使价格低廉，但如果质量差或参差不齐，也无法取得长期的成功。低价企业非常专注于核心产品，而忽略任何无关紧要或不必要的东西。因此，它们可以在不损害核心客户价值的情况下保持低成本。它们追求强劲增长和高市场份额的策略，使它们能够最大限度地利用规模经济和经验曲线效应。

它们的采购策略强硬而坚定，但并非不公平。它们避开银行融资，喜欢自筹资金或依靠供应商的赊销，尤其是在零售方面。同时，它们对整个价值链进行严格的控制。从营销的角度来看，它们非常喜欢自有品牌。在做广告时，几乎只关注价格（如奥乐齐、瑞安航空等）。它们通常实行每日低价策略（Every Day Low Pricing，EDLP），很少有折扣或促销活动。在大多数市场上，只有极少数低价高利润的企业才有立足之地，通常只有一两家。

简而言之，以低价获取持续的高额利润是可能的，但只有少数几家企业成功实施了这一策略。最重要的先决条件是，成本长期保持在较低水平。实现这一策略的必要能力，从一开始就必须融入企业文化。而具有其他传统的企业，能否通过自我转型来应对这一挑战，似乎值得怀疑。

低价品类需要特殊的企业家和管理者。只有那些愿意在日常生活中谦虚、节俭甚至吝啬的人，才可以考虑投身低价市场。在此类别中取得成功的另一个先决条件是建立可接受但并不低下的客户价值水平。这在很大程度上取决于核心产品的性能如何，以及企业能否同时保持这种性能水平和极高的成本效率。

互联网、价格和利润

互联网从根本上改变了定价的环境和条件，并对利润产生了相应的显著影响。从技术上讲，电子商务更容易改变价格。许多企业抓住了这一机会。一般来说，价格变化比互联网出现之前更频繁。一项研究发现，在 3 个月内，一家在线药店的价格变化范围达到了 87%，电子产品（67%）、时装（50%）和汽车零部件（40%）等其他行业的价格变化也很频繁。[197]

动态定价提供了机会，但也带来了很大的风险。最大的一个问题是价格战越来越频繁，这几乎必然会损害利润。在 10 个月的时间里，研究人员追踪了亚马逊的 1 000 万种产品，发现每天有 6 万次价格战，但大多数都持续不到 6 小时。[198]

互联网的普遍存在的一个极重要影响是价格透明度的大幅提

高。这使低价企业处于优势，使降价更有效。但这也使溢价企业处于劣势，使价格上涨更加困难。

互联网还提高了价值透明度。但这一趋势尚处于早期阶段，仍滞后于价格透明度的发展。价值透明度对价格弹性有不对称的影响。客户的正面反馈对于定价和利润变得越来越重要。当企业在网上收到的主要是负面评论时，即使大幅降价，也无法挽回损失。因为此时价格弹性下降了。由于批评和指责，价格作为企业在市场中进攻的武器的作用逐渐减弱。此时价格上涨会带来灾难性的后果，因为该领域的价格弹性会上升。

获得大部分好评的企业会产生相反的效果。它们能在价格不变的基础上增加销量，并可以在销量损失较少的情况下提高价格，这都是因为价格弹性下降了。对于降价，虽然价格弹性上升，但是降价对销量的影响更大。所有这些反应都会产生强大的利润效应。

新的价格标准

提高利润的创新途径是改变价格的衡量基础。这通常称为价格标准。我们可以用一个建筑材料方面的例子来说明这种潜力。一家销售用于墙体建筑的炉渣砖的企业可以按重量（每吨价格）、按空间（每立方米价格）、按表面积（每平方米价格）或完成安装（成品墙每平方米价格）收费。对于每个标准，企业可能会收取很不一样的价格，并面临截然不同的竞争状况。例如，对于一种新型炉渣砖，当使用吨或立方米计价时，顶级制造商的价格会比竞争对手贵40%。但如果以平方米计价，价格差异仅为10%左右。由于新砖的重量更轻，可以让团队更快地砌墙，因此，每平方米成品墙的价格可以带来12%的价格优势。这清楚地表明，制造商应该尝试将这些新砖的计价单位转换为成品墙的面积。

诸如高性能电动工具的全球领导者喜利得（Hilti）这样的企业，过去向客户销售产品时，往往价格是每一件工具的价格。但喜利得打破了这种模式，为其工具引入了"车队管理"模式：客户每月为其"车队"的喜利得工具支付固定价格。喜利得确保客户获得适合其工作的工具，提供全面的服务，负责从维修到电池更换的一切事宜。该计划对客户有两个好处。每月可预测的固定工具价格为客户提供了保障，并且客户可以专注于提高执行工作的核心竞争力，而不是采购工具。

作为涂装系统的全球市场领导者，杜尔（Dürr）与巴斯夫合作多年，以每辆车按固定的价格向汽车制造商提供涂装服务。EnviroFalk是一家工业用水处理专业企业，为客户免费提供设备，然后根据处理工业用水的体积（立方米）收费。温特豪德（Winterhalter）是餐饮洗涤系统的全球市场领导者，提供"按次付费"方案。温特豪德声称该方案"无投资、无风险、无固定成本、非常灵活且包罗万象"。[199]2020年，全球激光机市场领导者通快集团（Trumpf）与全球最大的再保险公司慕尼黑再保险集团（Munich Re）成立融资合资企业。在新的融资模式下，通快集团的客户不再直接购买机器，而是为每个成品零件支付固定费用。这种"按使用付费"的模式类似于米其林对卡车轮胎的收费方式,客户可根据行驶里程付费。

客户从此类模式中受益,因为他们可以更好地计算成本,并减轻了资金负担。相应地,供应商更容易预测现金流,从而可以优化资源分配。这些模式还可以创造竞争优势,因为只有具有雄厚资本或实力强大的合作伙伴的企业才能采用这些模式。

云计算的采用正在将几个新的价格标准变成通用标准。软件不再以许可证形式销售,然后在现场安装,而是以在线和按需付费的方式提供。此模式称为软件即服务(SaaS)。微软的办公室套件 Office 365(2020 年 4 月升级为 Microsoft 365)不再以传统方式销售,而是采用按月或按折扣价订阅的 SaaS 模式。在欧洲,Office 365 家庭高级版的费用为每月 10 欧元或每年 99 欧元。作为回报,客户可以立即在线使用最新版本,并享受一系列附加服务。

在从产品销售模式向订阅模式转变方面,多媒体制作类软件开发商奥多比(Adobe)是个令人信服的例子。传统意义上,奥多比以永久许可的光盘形式销售软件。这种模式是有利可图的,奥多比实现了 19% 的净利润率。但这种僵化的商业模式也有缺点:不能建立永久的客户关系,也不允许软件更新。这些因素阻碍了奥多比形成为客户提供持续不断的创新改进的能力。解决方案是彻底转向奥多比创意云(Adobe Creative Cloud)。这是一种以云为基础的订阅模式,取代了原来的光盘和许可证模式。在进行大量沟通后,这一转变非常成功。在 2013 年,奥多比推出新模式时的市值为 225 亿美元,到 2020 年秋季,市值已上升至 2 000 多亿美元。[200]

　　汽车共享服务的价格标准在原则上并不新颖，但其精确度远远超过传统的汽车租赁模式。在这些服务中，有许多是按分钟收费的。基本费率包括一段里程免费，在超过这段里程后，客户必须按里程付费。数字技术可以精确到分钟和英里，而不会给客户带来任何额外负担。

　　汽车行业必须开始深入思考新的商业模式，这样才能持续获取足够的利润。安德烈亚斯·赫尔曼（Andreas Herrmann）和沃尔特·布伦纳（Walter Brenner）对此发表了评论："一家汽车制造商在行驶15万英里的汽车上的平均盈利约为2 800美元。这相当于每行驶1英里盈利不到2美分，这使得以下建议势在必行——基于每辆车盈利的商业模式必须被基于每次出行盈利的理念所取代。"[201] 低交易成本和低监控成本对于此类模型至关重要，尤其是对于自行车或电动滑板车等低价值的共享车辆。

　　谷歌广告（Google AdWords）的价格体系也依赖新的价格标准。长期以来，传统媒体一直将发行量作为价格衡量标准，尽管发行量对销量或广告品牌形象的影响程度一直不确定。谷歌采用了按点击量付费的广告模式。这在因果关系和价格之间建立了更紧密的感知联系，显然，广告客户很欣赏这种新模式。多年来，谷歌在广告市场上的份额越来越大。

　　爱纳康是风能领域的全球技术领导者，采用了创新的价格模型。爱纳康合作伙伴概念（Enercon Partner Concept）为客户提供了如下优势：

- 技术可用性保证 97%。
- 如果未满足保证的技术可用性,则补偿产量损失。
- 维修和备件保证。
- 没有备件或主要部件的额外费用。
- 通过爱纳康的附加或常规保险,全面承保不可预见的事件。
- 定期保养。
- 通过爱纳康开发的监控和数据采集系统(SCADA)进行中央监控和全天候(24/7)远程监控。
- 由于服务网络分散,提供当地联系方式并快速响应。
- 绩效导向的付款。
- 基于产量的可计算成本。[202]

这种安排的最重要方面是爱纳康与客户共同承担商业风险。

新的定价模式也在保险行业取得了进展。新技术可以对风险进行更可靠的估计,这反过来又使保险公司能够更好地进行基于成本的价格计算。在多个国家开展业务的一家汽车保险公司在客户的汽车上安装了一个黑匣子,将其与保险公司的全球定位系统(GPS)连接起来。然后,客户根据所选路线行驶的距离、一天中的时间和事故风险按每英里的费率支付费用。由于这些新的风险参数更好地反映了事故的实际原因,因此正在取代不太精确的传统风险参数,如客户的年龄和居住地等。保险公司也就不再需要对不同的风险状况进行交叉补贴,因为保险公司对客户及其驾驶行为有了详细的了解。[203] 在美国,这种模式已经占有 10% 的市场份额。204

类似的做法也存在于医疗保险领域。企业可以通过降低保费来激励某些健康的活动。在卫生领域，有许多利用新的价格标准的潜在方法。智能手表、臂带中的传感器和其他形式的远程诊断，使跟踪和测量关键健康参数变得更容易。美国国际集团英国健康保险公司（AIG Direct）使用身体质量指数（BMI）作为确定月费率的基础。在特殊情况下可以免费，比如那些由于剧烈运动其肌肉质量会影响 BMI 计算的人。205

巴塞罗那喜剧剧场 Teatreneu 引入了一种未来主义的价格标准，为座椅配备了可以分析面部表情的传感器。观众同意为传感器确认的每次笑声支付 0.30 欧元，最高可达 24 欧元（或 80 次笑声），可通过智能手机付款。据报道，剧院获取的每人次收入增加了 6 欧元。206 这一例子可能看起来相当奇特，可能不会成为未来剧院的标准模式，但展示了技术的力量。毕竟，与无聊的戏剧表演相比，为一场愉快的戏剧表演多付点钱，确实更有意义，对吧？

事实上，人们可能会对大多数传统价格标准提出质疑。酒店（一天）、旅行团（一周）、公共交通（一个月）、博物馆（一年）或工匠（一小时）都使用基于时间的价格标准。而餐馆通常按餐收费，发廊按客户的理发方案收费，出租车按距离收费。但可以想象，餐馆、发廊和出租车也可以将时间作为它们的价格标准。如果餐厅的瓶颈是餐桌的利用率，那么按时间向顾客收费，以尽可能提高周转率，可能更有意义。

传统上，航空公司会根据年龄、社会地位或类似标准对每个乘客进行差异化定价。但在 2013 年，萨摩亚航空公司（Samoa Air Ltd）提出了一个完全不同的价格标准：根据乘客的体重向乘客收费。从萨摩亚飞往美属萨摩亚的航班价格为每公斤 0.92 美元。这样的价格标准似乎很有说服力，因为萨摩亚的超重人口水平位居世界第三，远远领先于美国。尽管这一方案最初遭到了抗议，但首席执行官克里斯·兰顿（Chris Langton）仍希望坚持这一方案："这是一种按重量支付的机制，而且会一直坚持下去。"[207] 这种机制符合逻辑，因为乘客的体重是航空公司合理的成本驱动因素，而年龄或地位则不是。为什么货物运输要按重量收费，而人的运输却不是这样呢？一些美国航空公司已经开始要求体型过大的乘客在整个航行中购买两张机票。

新技术会使我们越来越多地采用基于性能的价格标准。医疗保健公司可以使用传感器来衡量药品、医疗或其他服务的效果，并根据实际疗效定价。总的来说，新的价格标准为企业创造了突破旧标准的局限的机会，从而更好地获取价值。在其著作《终结者的游戏》（*The Ends Game*）中，马科·贝尔蒂尼（Marco Bertini）和奥德·科尼斯贝格（Oded Koenigsberg）详细讨论了基于客户获取价值的创新价格模式。[208]

价格和股东价值

利润和增长是股东价值的驱动因素。价格是股东价值的重要决定因素，因为它对利润和增长都有很大的影响。管理人员已经意识到了这种联系的重要性，并开始将其纳入战略计划以及与资本市场的沟通。[209] 定价越来越频繁地出现在路演、分析师电话会议和股东大会上。沃伦·巴菲特（Warren Buffett）认为："评估一家企业的最重要决策是确定其定价权。"这个观点强化了这一趋势。[210] 成功的硅谷投资人彼得·蒂尔也强调了价格对股东价值的影响。这为企业建立具有强大定价权的市场地位提供了坚定有力的理由。[211]

由西蒙顾和开发的 EVP（Enterprise Value of Price）模型，为高管和管理人员提供了一种方法，使价格与股东价值之间的关系具有可操作性。[212] EVP 表示价格的企业价值，它是两个值的比率，一个是价格提高 1% 所产生的额外股东价值，另一个是分析师预期未来 12 个月增长的股东价值。该模型的假设与图 6-2 和图 6-3 的假设类似，即 1% 的价格上涨既不会改变销售量，也不会改变成本。因此，由价格上涨引起的收入增加是纯利润。用数学方法表示，EVP 可用式（6-2）来定义：

$$EVP = VP/VEG \qquad (6\text{-}2)$$

式中，VP 是价格的价值（Value of Price），VEG 是预期增长的价值（Value of Expected Growth）。这些值定义如下：

$$VP = R(1-s) \times 0.01/(WACC-g) \qquad (6\text{-}3)$$

$$VEG = 第 1 期的企业价值 - 第 0 期的企业价值 \qquad (6\text{-}4)$$

式（6-3）中，R 是收入，s 是企业税率，WACC 是根据式（1-12）

得出的加权平均资本成本，g 是自由现金流的增长率。[213] 我们可以观察到，式（6-3）只有在分母为正时才有意义，即 WACC 必须大于增长率 g。企业特定的 WACC 值、增长率 g 和企业价值可以从汤森路透（Thomson Reuters）等数据库中检索。换句话说，我们可以使用公开可用的信息计算 EVP 指标。

EVP 值为 0.6，意味着 1% 的价格上涨将为未来 12 个月的股东价值预期增长贡献 60%。如果分析师预计股东价值增加 30 亿美元，那么价格上涨 1% 所做出的贡献占其中的 18 亿美元。EVP 的绝对值越高，价格上涨的影响就越大，投资于更强势的价格地位就越有意义。用沃伦·巴菲特的话来说，这是对定价权的投资。

定价过程

到目前为止，在本章中，我们已经讨论了"价格优化"这一增加利润的话题。"定价过程"同样重要。最终，只有企业成功采用利润最大化价格，价格才能对利润做出充分贡献。实践经验表明，这是一项艰巨的任务。在美国进行的一项研究中，大约 58% 的受访企业表示它们试图提高价格，但只有 19% 的企业（大约三分之一尝试过的企业）实际上成功提高了价格。[214] 根据西蒙顾和的全球定价研究，在所有计划提价的企业中只有三分之一真正得到了实施。[215] 平均来看，企业也只提高了计划数量的 37%。换句话说，计划涨价 10% 的平均涨幅仅为 3.7%。

定价过程包括从制定策略到实施再到监测的所有方面。对定价过程的有效管理通常可以将销售回报率提高2~4个百分点，有时甚至可以提高6个百分点。考虑到企业的平均净销售回报率约为5%（见第2章）时，2~4个百分点的提高无疑意味着一个巨大的改善。但要实现这种程度的改善，需要深入了解企业的具体特征和细微差别。

要建立定价过程，我们建议使用如图6-6所示的通用四阶段方法。这一过程，即从制定策略到监测的过程，对应许多企业已经以某种形式遵循的各个阶段。

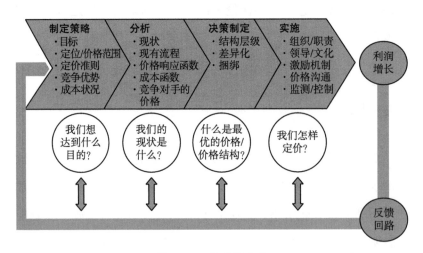

图6-6　一般定价过程

但是对于特定情况，这种表示是不够充分的。我们的经验表明，在很大程度上，价格管理过程取决于行业甚至企业本身的特征。尽管如此，一般性的过程为更清晰、更深入地定义各项任务提供了一个起点。

对于组织定价过程，我们有以下建议：

- 企业需要为各项任务分配责任。过程中的各个步骤和组织单位应尽可能地进行调整，以适应企业的业务模式。
- 一般来说，最好将价格决策权置于相对较高的组织层级。必须确保市场与内部职能部门之间的合作顺利和信息畅通。
- 首席执行官在价格管理中的作用至关重要。首席执行官必须确保实现目标，以最佳方式建立过程，并在价格方面形成以利润为导向的文化。
- 有效的价格监测和控制是绝对必要的，在大多数企业中，只有通过必要的信息技术才有可能实现这一点。在理想情况下，价格控制应融入整个价格管理过程，而不是仅仅事后追溯过程的结果。

任何策略的好坏都取决于其实施情况。这句话也适用于作为利润驱动因素的价格。在价格管理专业化的过程中，高层领导需要更多地关注执行。

更好的定价带来什么益处

为了结束本章，我们来分析一些精选的案例。这些案例展示了专业定价可以带来的利润提高。表 6-2 列出了各个行业的案例。

最后一列显示了以基点为单位的净销售回报率的增加幅度。例如，批发商（最后一行）的净销售回报率从 4% 上升到 6%，相差 2 个百分点，即 200 个基点。

表 6-2　各行业通过专业定价提高利润

行业	主要措施	以基点计算的销售回报率增加*
银行业	• 更好地利用品牌资产 • 提高客户代表的定价能力	160
旅游业	• 差异化程度更高的价格结构 • 以指标支持的方式识别具有潜在利润的机会	160
汽车供应	• 在价格结构中引入新的要素 • 额外服务的发票	150
软件	• 销售流程和指导方针的重组 • 更强的集中化	800
机械	• 通过目标估值/目标成本计算减少过度设计 • 流程标准化，特别是针对有限/小规模运行的系统	250
电子产品	• 创新：使用价值定价，而不是成本加成 • 更好地预测长期合同的成本变化	220
消费品	• 基于客户价值的价格设置 • 价格弹性的系统估计/确定	110
工程	• 对客户价值的系统性量化 • 更全面、更可靠的竞争情报	80
批发	• 根据价格弹性对客户和产品组进行分类 • 针对销售人员的反折扣激励	200

*100 个基点等于一个百分点。

"主要措施"一栏说明了利润驱动型价格措施的多样性。价格措施的一个特点是提高利润的速度很快，而且肯定比企业通过合理化、创新或重组提高利润的速度快。

小　结

价格是比销量更有效的利润驱动因素，但现实情况是价格优化很复杂。如果边际成本为正，则价格上涨产生的利润高于相同百分比的销量增长。与之相反，与同等幅度的销量下降相比，价格下降对利润的负面影响更为明显。价格的利润弹性通常很高，这意味着1%的价格变化对利润有很大的影响。

利润最大化价格不取决于固定成本。如果价格响应函数和成本函数是线性的，则利润最大化价格位于可变单位成本和最高价格之间的中点。利润最大化价格可以表示为取决于价格弹性的边际成本加成。与统一价格相比，差异化价格提供了获取更高利润的机会。在几何术语中，这意味着从"矩形到三角形"。有很多种价格差异化的有效方法。

除了纯粹的经济效应，在定价时，心理效应也发挥了重要作用。经典效应包括势利效应或凡勃伦效应以及价格作为质量指标的作用。最近，行为经济学发现了一系列广泛的现象，例如，锚定价格效应、"中间价格的魔力"、更多选择的影响，以及指出正效用和负效用之间不对称的展望理论。

溢价策略和低价策略需要不同的能力。奢侈品和超低价产品更是如此。以低价赚取高利润是完全可能的。但在这一策略上，只有少数企业取得了成功，因为企业需要非常明显的规模经济来实现和维持必要的低成本。

互联网改变了定价的条件，从而也改变了利润的条件。价格变化和价格战越来越频繁。价格透明度和价格弹性也在发生变化，在大多数情况下，价格弹性和透明度在提高。这为低价供应商创造了优势。与此同时，价值正变得更加透明。这可能有利于有强大品牌声誉的溢价优质供应商。

价格是股东价值的一个非常重要的决定因素。源自公开数据的 EVP（价格的企业价值）指标表明，价格变化 1% 对股东价值增长的贡献程度符合分析师对未来的预期。EVP 阐明了什么时候值得投资定价权。

从过程的角度来分析价格措施的实施是必要的。典型的定价过程包括制定策略、分析、决策制定和实施。如果专业地实施价格措施，可将净销售回报率提高 200 到 600 个基点。

第7章

利润驱动因素：销量

销量是三个利润驱动因素之一，而销量管理以利润最大化或至少相对于起始情况利润得以改善的方式控制销量。另一个目标是尽量抑制潜在利润的下滑。只有在能够提高利润时，增加销量才有意义。如果销量下降能够带来利润增加，企业就应该接受销量下降。

作为利润驱动因素的销量的特征

与价格类似，作为利润驱动因素的销量也具有相应的特征。在介绍图 6-1 时，我们描述了其中的一些特征。

谁会受到销量管理措施的影响？同价格一样，客户的行为很重要，因为客户决定是否购买更多或更少的产品或服务。但在商品稀缺时期情况就不一样了，因为此时是由卖方分配产品数量的。

销售人员也会受到销量管理措施的影响，因为销售政策通常与销量目标相关。例如，在汽车行业，为给定国家和地区明确汽车销量很常见。激励也常常与销量目标挂钩。销售部门有时会使用不恰当的方法来实现销量目标，其中可能包括通过灰色渠道销售或违反企业政策以低价向其他国家大量出口产品等。

生产和物流等职能部门也会受到销量管理措施的影响。这些部门实际生产并分销产品。生产和物流经理经常告诉我，营销部门在销售和销量政策方面的决策可能导致销量大幅增加，从而在价值链的上游引发混乱。相反的情况也可能发生。如果实际销量达不到预期，可能导致仓库爆满，在某些情况下，还会迫使企业暂时停产或以大幅折扣处理未销售的商品。

从以上经验得出的教训是，任何改变销量的行动的计划和实施，必须将上游价值链考虑在内。

与价格相反，供应商不能随意增加销量。供应商不能命令客户购买更多的产品和服务，因为购买决策由客户主导。供应商可以单方面直接改变价格，但只能通过广告、销售、分销、促销和折扣等手段间接影响销量。然而，供应商可以自行减少或限制销量。它可以限制零售促销的个人购买量，例如，把购买量限制在"正常家庭水平"。

与价格类似，销量对利润有双重影响。直接影响是对收入的影响。间接影响是对可变成本的影响。间接影响有多大取决于成本结构和成本函数。如果边际成本为零,那么销量仅影响收入。

增加销量的措施通常需要一定时间才能生效,因为需要企业在广告、销售、生产和分销方面加大力度或进行创新。生产线的调整一般需要一定的前置时间。简而言之,从实施增加销量措施到见效之间存在时间差。与之相反,削减销量产生的影响会更加直接,因为供应商只需要任意减少产量或销量。

一般来说,对上述措施的预先投资是增加销量的先决条件。如果企业面临财务瓶颈,所选择的措施可能无法达到利润最优水平,从而无法实现增加销量的目标。在初创企业以及快速发展或财务受限的企业中,这种情况是普遍存在的。

自发增长与价格诱导的销量增长

自发增长与价格诱导的销量增长的一个重要区别在于,销量增长是自发的还是由降价引起的。自发增长(autonomous growth)发生在价格不变或没有显著变化的情况下,销量和收入都以相同或相似的百分比增长。然而,对于由降价引起的销量增长,收入增长并不像销量增长那么快。假设开始时产品价格为100美元,销量为100件,此时的收入为10 000美元。在价格不变的情况下,如果销量增长20%,收入将增加到12 000美元,销量和收入的增长率是相同的。但是,如果企业将价格降低10%至90美元,并且销量增加20%至120件(对应-2的实际价格弹性),

收入仅增加至10 800美元,其增长率为8%。

很明显,自发增长的利润效应与价格诱导的销量增长的利润效应大不相同。如果我们假设单位可变成本为60美元,并暂时忽略固定成本,在自发增长的情况下,利润会从4 000美元上升到4 800美元。相反,尽管销量增加了20%,价格诱导的销量增长实际上导致利润下降至3 600美元。我们不妨把这一简单的计算再延伸一下,假设销量的变化也会对成本产生影响。如果单位可变成本由于规模经济而下降到54美元,在价格诱导销量增长的情况下,利润将从4 000美元上升到4 320美元。以上简单的计算表明,销量和利润之间的关系会发生变化,并可能导致截然不同的结果。因此,企业在采取通过降低价格来提高销量的策略时需要非常谨慎。我们接下来介绍销量对利润产生广泛影响的一些实例。

销量增加,利润减少

"免税"日是零售业普遍流行的噱头。在美国的一些州,客户可以在不支付销售税的情况下购买商品;在欧洲国家,零售商通过免除增值税(VAT)来吸引顾客。为了了解这些促销活动可能产生的影响,我们来研究一家收入超过200亿美元的欧洲大型零售商如何在一个周末为顾客免除19%的增值税。

"我们产生的客流量令人难以置信。"他们的一位高管告诉我,"周末我们店里的顾客增加了40%!"

但是利润呢?

表7-1比较了有和没有增值税的两种情况。对于包含增值税的情况，我们将销量设置为100件，并将价格设置为119美元以反映税费。我们假设零售商的毛利率为30%，因此，单位可变成本为70美元。简单起见，假设固定成本为零，这样，零售商的利润是3 000美元。"不包含增值税"的两列显示了我们保持销量或利润不变的情况。

表7-1 "免税"零售促销的销量和利润

	价格包含增值税的情况	价格不包含增值税的情况	
		相同销量	相同利润
销量（件）	100	100	213
价格（美元）	119	100	100
收入（美元）	11 900	10 000	21 300
单位成本（美元）	7 000	7 000	14 900
增值税（美元）	1 900	1 597	3 400
利润（美元）	3 000	1 403	3 000

在第5章，我们提到了通用汽车公司的一项促销活动。通用汽车向所有客户开放了内部员工折扣计划。在促销活动的第一个月，通用汽车的汽车销量比前一年同期增长了41.1%，这是一个惊人的业绩。第二个月的销量又增长了19.8%。从销量的角度来看，其成功是不容置疑的。

但是利润呢？

整个财年，通用汽车亏损105亿美元。4个月内，通用汽车的市值下降了40%以上。几个月后，通用汽车董事长鲍勃·卢茨（Bob Lutz）评论道："零利润销售500万辆汽车不如获利销售400万辆汽车好。"[216]

对于高端产品而言，企业可能会通过将品牌扩展到更注重价格的细分市场来增加销量。但这样的举措也带来了高端优质产品沦为大众产品的风险。其中一个例子是汽车品牌欧宝。自1929年以来，该品牌一直属于通用汽车。2017年被法国汽车制造商标致雪铁龙集团收购。在20世纪50~60年代，欧宝以传奇般的高档汽车和时尚的标志性车型而闻名于世，服务对象包括外交官、海军上将和参议员等。但在随后的几十年里，欧宝迷失了方向，在研制小型汽车时，产生了质量和形象问题。结果是，尽管销量大幅增加，但仍出现巨额亏损。

品牌拉科斯特（Lacoste）也遭遇了类似的情形。1933年，法国职业网球运动员勒内·拉科斯特（René Lacoste）成立了一家公司来销售他设计的衬衫。衬衫上的鳄鱼标志代表着独特的声望，将拉科斯特打造成一个高价格、高利润的企业。后来，甚至美国总统德怀特·艾森豪威尔和其他名人都在公共场合穿这一品牌的衬衫。直到20世纪80年代初，该品牌一直与社会地位高相关联，并占据高端市场地位。但拉科斯特希望做大企业，随着时间的推移，该品牌沦为大众产品，价格下跌，利润也随之下降。

销量减少，利润增加

一家中型供应商有个大客户，其订单占销售额的10%。这位重要客户不仅对价格施加了巨大压力，还要求一系列的全面服务，如咨询、库存和运输等，供应商很难从中赚到什么钱。供应商的管理层确信，他们可以将这些资源投资于其他地方来获取更多的利润，因此停止了与该客户的合作。结果是销量立即下降了10%。但在一年之内，供应商获得了新客户。这些客户施加的价格压力比以前的大客户要小，而且对服务的要求也更合理。新业务并未完全抵消销量损失，不过，尽管销量下降，但利润提高了整整一个百分点。

摒弃"越多越好"的思维模式可以促进企业提高盈利能力。戴维·布拉德利（David Bradley）收购了杂志《大西洋月刊》（*The Atlantic Monthly*）后，尽管《大西洋月刊》的发行量和广告版面有所增加，声誉（基于所获奖项）也有所提升，但年度亏损增加到了800万美元。为了重新建立和提高盈利能力，布拉德利采取了一些激进的措施。他将印刷量从450 000份减少到325 000份，并相应地调整了广告费率。他还将版次（number of editions）从每年12期减少到10期，年度订阅价格从16美元提升到30美元。尽管销量下降，但该杂志还是恢复了盈利。

以上例子表明，减少销量也可以增加利润。但在通常情况下，情况当然往往相反，增加销量会增加利润。在一项全球调查中，63%的受访者表示，销量和收入增长是他们提高利润的最重要手段。[217]

销量的利润弹性

销量的利润弹性是指销量增加1%时利润变化的百分比。在

第 6 章"价格的利润弹性"的数据示例中,销量的利润弹性为 4,即销量增加 1% 时,利润增长 4%。该值远低于示例中价格的利润弹性 10。对于有多种产品的企业来说,计算销量的利润弹性会更复杂,甚至无法计算,因为将不同产品的销量简单地相加是没有什么意义的,而成本也会因产品而异。因此,我们不能对销量的利润弹性的大小做出一般性的陈述。上一节中的示例就说明了这一点,增加销量可能会增加也可能会减少利润。这在销量减少的情况下也适用。

销量的利润弹性难以甚至无法确定的最重要的原因是成本函数。与价格变化相反,除非边际成本为零,否则任何销量变化都会导致成本变化。因此,对利润的影响可能完全不同。这取决于更高的销量是否会导致恒定、更高或更低的边际成本。如果边际成本保持不变,即成本函数是线性的,那么每增加一个单位的销量就会通过边际贡献增加绝对利润。如果边际成本下降而价格保持不变,对边际贡献的影响就会更强,如果边际成本增加,影响就会相应减弱。如果边际成本为零且价格为正,那么更高的销量往往会带来更高的利润。如果价格保持不变,那么销量最大化就相当于利润最大化。但这仅适用于边际成本为零的情况,并且仅在由生产能力或在给定价格下市场可以吸收的销量决定的范围内适用。

利润最大化的销量

我们不难描述增加销量会增加利润的条件。利润最大化销量的一般最优条件是：

边际收入（相对于销量）= 边际成本（相对于销量）　　（7-1）

当边际收入超过边际成本时，增加销量会提高利润。如果价格 p 和边际成本 c 不变，并且单位边际贡献（unit contribution）（$p-c$）为正，则每销售一个增量单位都会产生额外利润。此时的格言是：卖得越多越好。

当然，只有在产能和需求都没有达到极限的条件下，这种情况才成立。但是，如果只有通过降低价格或提高单位成本才能获取更高的销量，那么利润只会上升到最佳水平，然后会随着销量的增加而减少。在这种情况下，"卖得越多越好"的格言只有在达到最佳利润水平之前才是正确的。之后销售的每一个单位的产品都会减少利润。如果成本是递减的，即因为规模经济或经验曲线效应，成本随着销量的增加而下降，那么利润最大化的销量就会更高。但即使在那种情况下，利润最大化的销量也不是无限的。这是因为达到某一销量的时候，需求或支付意愿已经耗尽，或不能再获取足够的资源了。

收入增长，尤其是在市场的早期，通常取决于销量增长。在下一节，我们将重点关注增加销量最重要的策略。

市场渗透

市场渗透是指企业已经服务的现有市场的销量增长。利润的一个决定因素是市场是处于增长、停滞还是衰退状态。在增长市场中，市场份额不变，销量会自动增长。因为当销量增加时，单位成本通常会下降，假设价格不变，利润就会上升。而在停滞的市场中，企业只能通过增加市场份额来增加销量。竞争对手几乎肯定会抵制此类行为，因为在停滞的市场中，市场份额的转移是一场零和博弈。因此，价格战爆发的可能性会增加。增加利润的另一种方法是削减成本。

在衰退的市场中，由于竞争加剧、价格下降和成本上升，增加销量或利润会更加困难。可以回顾一下，在第5章中，我们讨论了波特五力模型及其如何帮助企业确定是否值得参与特定部门或行业的竞争。处于停滞或衰退的行业，企业不太可能获取很高的回报。一种潜在的规避策略是进入其他细分市场。但该策略的成功概率是有限的，大多数行业都有已具规模的竞争者，新进入者难以立足。

高效的销售活动

几十年的经验告诉我，在大多数企业中，销售部门属于效率较低、效果较差的职能部门。可能这是无法避免的，因为在销售过程中，有一个参与者是无法像机器一样进行控制的，那就是客户。销售效率是指利用可用资源获取的最佳销售结果。而效果是指销售部门做对的事情（即做正确的事情）。"做对的事情"最终的结果是获取利润，而这取决于销量和价格。销售部门也会直接通过本身的费用以及在谈判中同意的义务来影响成本。

在各种项目中，我们反复看到销售团队可以利用许多方法来提高销量和利润。在这些方法中，可以从增加销售人员与客户相处的有效时间着手。这通常只占他们时间的15%。另外还包括通常由手工而不是现代信息技术完成的日常管理任务。另一个瓶颈在于如何提高销售人员的技能，使他们能够通过价值沟通而不是价格优惠进行销售。许多企业都会激励销售团队提高收入，而不是利润。如果把这种激励机制应用于具有价格谈判权的团队，那么我们就可以认为该团队会最大化收入，并可能最大化销量，但几乎不会获取可能的最大利润。

利润导向的销售职能方面的领导在人才选择、培训、激励和组织方面带来了复杂的挑战。总的来说，销售部门有相当大的利润潜力。但不可否认，这种潜力很难快速挖掘。

化解产能过剩

在第5章中，我们讨论了产能过剩如何影响利润。在任何行业中，如果产能相对于需求过高，就应尽可能削减产能。在这种情况下，增加销售压力，并通过激进的价格来提高产能利用率通常没有意义。此类行为通常会导致残酷的竞争和破坏利润的价格战。

在削减产能时，企业可能会使自己处于危险的境地。竞争对手要么不做回应，要么以提高自己的产能作为回应。企业丢失市场份额,随着时间的推移,可能会危及其市场地位。如果竞争对手以上述方式做出反应,或将其他企业的产能削减视为增加自己市场份额的机会,企业可以做什么?

在博弈论中,把这种情况称为囚徒困境。"不跟随减少产能"对应囚徒困境中经典选项"背叛"。"跟随"对应经典选项"沉默"。[218] 这些潜在的互动使得想要降低产能的企业必须非常密切地观察竞争情况,并尽其所能,在合法范围内让整个行业降低产能。

当然,我之所以说"在合法范围内",是因为反垄断法和竞争法禁止成文或不成文的共谋。然而,信号是允许的。在这种情况下,这意味着公开宣布自己降低产能的意向。作为信号的一部分,企业还可以声明将捍卫其市场份额,或者更具体地说,如果竞争对手试图利用计划中的产能削减,就将予以反击。无论如何,在计划削减产能时,企业应该以系统的方式使用信号。然而,有效的信号传递取决于信誉。对企业而言,确保其声明和行为一致是非常重要的。为了保持这种信誉,企业需要按照公告执行产能削减措施,同时需要确保销售人员遵守新的规范。如果企业宣布减少供给,却允许其销售人员继续以极低的价格进行大宗交易,就会引起竞争对手的反击,从而损害整个行业。

在危机期间,竞争对手会了解整体情况,并以削减产能作为回应,从而使情况更有利。2008~2010年的大衰退期间,许多行业的整体产能的确出现了萎缩的情况。在此期间,居于领导地位的旅游运营商途易(TUI)大幅削减了运力(产能)。[219] 许多航空公司减少或取消了低利用率航线上的航班。在新冠疫情期间，由于需求大幅减少，这种运力削减更为极端。未来将揭示这些削减是暂时的还是永久的。

产能过剩是利润微薄的主要原因之一。只要根本原因仍然存在，解决表面问题就不会有什么效果。恢复合理的利润水平需要有削减产能和接受较低销量的意愿。

数字化

通信和分销的数字化为企业创造了巨大的增长机会。在一项国际研究中，约74%的受访者表示，他们在投资数字化时考虑到了这些因素。这些企业中大约有一半（49%）表示数字化对销量和收入产生了显著的正面影响。表现出较强增长效应的行业是软件（81%）、电子（67%）、电子商务（66%）和汽车（61%）。[220]

以下一家家具零售商的案例表明，数字化带来的销量增长绝不限于典型的互联网业务。这家传统的实体零售商在线下实现了约500万美元的年销售收入。管理层很早就认识到了互联网的潜力，并保留了一个域名，虽然没有进一步解释，但该公司的产品售价极具吸引力。当该公司在21世纪初期推出电子商务业务时，大多数专家认为不能通过线上渠道来销售家具。然而，该公司现在的年线上收入为5 000万美元，是以前实体店收入的10倍，并且利润率也很高。

如何获取高额利润？消费者在线订购后，合同运输服务商直接从制造商处提货，并将货物运送到消费者家门口。零售商节省了商场面积、仓储和人员的成本，并将其中的一部分节省的成本让利给客户。尽管如此，线上业务利润仍高于实体业务利润。通过将收入增加到原来的10倍并获得更高的利润，该公司清楚地展示了数字化可以创造的机会。

新产品

创新和推出新产品是增加销量和利润的最有效途径。增长强劲企业的一个共同特征是，在其产品组合中，创新产品所占比例很高。但这并不一定会转化为更高的利润。西蒙顾和的一项全球定价研究揭示了其中存在的矛盾。一方面，企业倾向于将创新视为提高市场地位、定价权和利润的最重要手段；另一方面，管理人员报告，在他们新推出的产品中，有72%没有达到利润预期。[221] 创新本身并不能保证更高的利润。归根结底，这取决于创新是否为客户提供了更高的价值，从而使其愿意接受远高于可变单位成本的价格。这就是创新提高利润的原因。

更便宜的替代品

一家企业面临日益激烈的竞争，或在市场上出现一个新的低价细分市场时，这家企业是否应该通过推出所谓的更便宜的替代品（LEA）来应对？如果这么做，更便宜的替代品应该以旗舰品牌的名义运营，还是以独立品牌的名义运营？在大多数情况下，企业会建立第二个品牌，以便将更便宜的替代品与旗舰品牌区分开来，并避免内部竞争。

LEA策略通常会对销量产生正面影响，但应谨慎使用。如果LEA侵吞旗舰品牌的销售额，结果可能是提高了销量，却降低了利润。但在下面的例子中，LEA策略是成功的。

一家世界市场领导者发现其独特的特种化工产品正在失去竞争优势。低价模仿者现在构成了主要威胁。但市场领导者没有降低其领导品牌的价格，而是推出了一款价格比领导品牌低20%左右的LEA来应对威胁。LEA仅包括最低程度的服务，不提供定制产品，并且仅通过满载油罐车运输。客户需要等待7~20天才能交货，以便公司可以在产能过剩时生产产品。

引入LEA后，公司实现了强劲增长，在4年内，收入从23亿美元增加到64亿美元，从每年亏损2 700万美元扭转为赢利4.75亿美元。LEA成为公司的增长引擎，部分原因是把对领导品牌的蚕食降低到了最小的程度。

国际化

在过去的几十年里，全球化或至少是国际扩张，已经成为增加销量的一条最重要途径。这一战略带来了巨大的成功，尤其是对于隐形冠军来说，在过去的20年间，其中许多企业的销量增加了10倍。这些鲜为人知的世界市场领导者的一个重要特征是专注。这是获取世界级成果的先决条件。但随着产品和技术的专业化，这种专注有一个主要缺点，即从销量而言，市场规模较小。这就是第二个支柱即全球化发挥作用的原因。至少对于中小企业而言，全球化几乎使任何市场都足够大。隐形冠军的一个成功因素是不通过第三方进入国外市场。它们不依靠代理商、进口商或分销商，而是建立了自己的子公司。图 7-1 说明了世界高压清洁设备市场领导者卡赫（Kärcher）的这一策略。

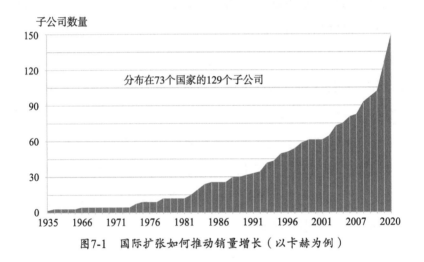

图7-1　国际扩张如何推动销量增长（以卡赫为例）

以这种方式在全球范围内扩大所服务的市场可以实现持续的销量增长，原因之一是许多市场，尤其是新兴市场和发展中市场远未饱和。国际扩张帮助卡赫将其收入从 1995 年的 6.33 亿欧元增加到了 2019 年的 25.8 亿欧元。在过去的 5 年中，利润增长了 89%，远高于 23% 的收入增长。事实证明，国际扩张是非常有利可图的。

多元化

当市场不再增长，只有以较低的利润为代价才能获得更高的市场份额时，销量增长的唯一途径是多元化。严格来说，对于企业，多元化意味着产品和客户都是新的。因此，大多数多元化往往无法达到利润预期，甚至彻底失败也不足为奇。一般来说，真正的多元化需要巨大的投资，但期望的销量增长往往难以实现。

企业通过"软"多元化获取成功的机会更大。这意味着只追求两个新维度中的一个。隐形冠军在核心市场的巨大市场份额最终会限制其增长机会。它们倾向于选择软选项：向现有客户销售新产品或向新客户细分市场销售现有产品。

维特根（Wirtgen）是世界道路铣刨机市场的领导者，是约翰迪尔（John Deere）的子公司。自2017年以来，它采用了上述两种策略的第一种。通过收购道路摊铺机（福格勒，Vögele）、压路机（悍马，Hamm）、回收设备（克磊镘，Kleemann）和沥青拌和设备（边宁荷夫，Benninghoven）等品牌扩大了其产品组合。其道路建设核心业务的这种多元化推动2019年的收入超过30亿欧元，远高于20世纪90年代中期的2.5亿欧元。另一个软多元化的例子是多贝玛亚（Doppelmayr），山区升降机和缆车的全球市场领导者。该公司将产品市场扩展到包括城市和机场这两个具有强劲增长潜力的领域。在过去15年间，这一战略帮助多贝玛亚把收入翻了一番，达到9.35亿欧元。

收益管理

在许多行业，尤其是固定成本高的行业，产能利用率是利润的一个极其重要的决定因素。收益管理，也称为收入管理，是以利润最大化的方式动态控制可用（通常是固定的）产能。在特定时间或特定条件下，为产能设定不同的价格。当边际成本较低时，收益管理的典型目标是收益最大化，等同于边际成本为零时的利润最大化。

收益管理是一种综合性的营销和竞争工具。践行收益管理的企业都公开表示它们的收入和利润显著增加。[222] 收益管理通常与航空公司相关，但不限于这一行业。酒店、游轮公司、汽车租赁和在线服务企业也采用这种方法。这种方法正日益扩展到其他领域，如定制等。航空公司、酒店、工厂等组织的固定产能意味着边际成本低，但未销售产品或服务的机会成本高。某一晚上的空置酒店房间是一个失去的产品收入机会。收益管理优化产能类型（如飞机），整合分销系统，并有针对性地与潜在客户进行沟通。因为这些服务是易流失的（perishable），所以时间和速度起着重要的作用。

收益管理的关键考虑因素是一个产能单位（如飞机上的一个座位、酒店的一个房间、一个生产窗口）是应该以较低的价格提前提供，还是应该为会在短时间内以较高价格预订的客户保留。这最终会归结为酒店业的经典问题："应该以较低的价格出租房间避免空置的风险，还是应该等待客户晚点来支付更高的价格？"

由于现代信息技术和成熟完善的分析方法的结合，回答这一问题的能力得到了极大的提高。现在我们可以根据经验和定量分析方法做出决策。

尽管收益管理很普遍，但有许多行业部门并没有予以实施。以停车场为例，尤其是在机场和火车站，寻找停车位可能至关重要。对于收益管理，每一时间单位（如小时或天），既没有固定容量，也没有固定价格。相反，容量和价格会因可用的停车位数量而有所不同。伦敦希思罗机场（Heathrow Airport）就设置了类似的系统。通过容量和价格的管理，人们总能找到停车位，即使这意味着停车费可能非常昂贵。

为了更深入地处理复杂的收益管理方法及其需要解决的问题，我们参考了专业文献。[223] 但很明显，收益管理为许多服务行业的收入、销售额和利润的增长提供了巨大的潜力。

服务拓展

服务并不是服务型企业的专属领域，许多制造商也从服务中获取大量收入。对于一家典型的工业产品企业而言，服务和备件通常占总收入的20%，而利润的份额要高得多。这是因为服务的利润通常高于产品的利润。对76家机械制造商的研究结果如图7-2所示。[224]

在繁荣时期，服务业的潜力往往会被忽视，企业往往会倾向于新产品。这并不足为奇。当一家企业出现生产瓶颈并面临订单交付的截止日期压力时，管理层会将全部注意力集中在生产和物流上。在卖方市场中，服务往往退居幕后。销量和利润潜力尚未开发。但是，当一家企业拥有庞大的客户群（Installed Base）时，服务和相关零部件业务会比新产品业务更不容易受到危机和其他宏观经济变化的影响。

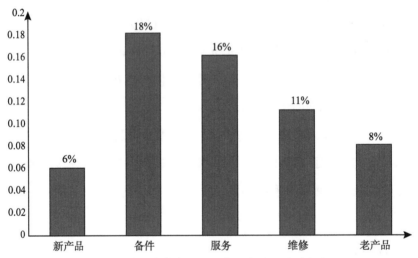

图7-2　机械制造商在不同业务领域赚取的利润份额

制造商提供的服务通常范围有限，而这意味着没有充分利用可以提供的服务。一家拼装了成千上万套房屋的大型集成房屋制造商会根据客户的要求提供服务，但不会主动提供服务。它没有制定名副其实的服务策略。制造商将服务视为繁重的义务或负担的情况并不罕见，部分原因是服务部门需要与工厂不同的组织和管理体系。这种心态使之忽视了提高销量和盈利的机会。

相反有些提供全面服务的制造商，不仅收入高，而且利润丰厚。这就是风力涡轮机制造商爱纳康的合作伙伴概念（EPC）框架：如何向客户保证设备在头12年内保持高水平的正常运行。一份主合同涵盖客户的维护、安全服务、维修和其他可能发生的事件。客户喜欢这一概念，超过90%的客户签署了12年的协议。庞大的客户群为爱纳康提供了抵御经济周期和危机冲击的保障。

  一些企业通过提供客户培训来延伸价值链，而这正成为服务中越来越重要的一部分。原因有两方面：第一，产品变得越来越复杂；第二，企业正在渗透到员工受教育程度相对较低的国家。一些企业将培训作为一个独立的业务来运营。费斯托（Festo）是工业自动化领域气动技术的全球市场领导者，成立了费斯托教学培训公司（Festo Didactic）。该公司定位为"世界领先的技术教育设备和解决方案提供商"。它在100多个国家和地区提供课程。[225]内容涵盖广泛的主题，并不局限于费斯托产品。它还关注非客户。费斯托教学培训公司有950名员工。

  强有力的推销可以显著增加签订服务合同的客户份额。一个起重机制造商的例子说明了这一点。通过吸引新的服务性客户，该公司在3年内将总收入中的服务份额从18.4%提高到26.8%。这转化为近1.47亿欧元的高利润增量销售额。全球领先的数据流管理设备制造商思科也采取了类似的策略。在危机期间，思科将重点转向服务，以实现增长并稳定财务状况。其产品订单流入量下降了20%，但服务收入增长了10%。

服务拆分

产生额外收入的一种方法是对通常包含在总价中的服务单独收费,称为服务拆分。工业企业通常提供不单独收费的额外服务。如果它们成功地从产品和计费中分离出这些服务,这种变化就会对收入和利润产生相当大的正面影响。但是应该谨慎地使用这一策略。一些行业具有将服务作为整体套餐的一部分的悠久传统。如果客户发现需要为这些服务支付额外费用,就可能会做出负面反应。与此同时,我们在项目工作中发现,当单独计费与特殊或优质服务相结合时,或当客户认为企业确实付出了额外的努力时,他们通常不会反对单独计费。这方面的例子有快递附加费、碎股(odd lot)、专业培训、特殊担保或风险承担等。

从提供产品向提供系统转型

实现销量和利润增长的另一条有效途径是从提供产品向提供系统转型。这就是全球缝纫机针市场领导者格罗茨-贝克特(Groz-Beckert)从简单的缝衣针和编织针制造商发展成为精密零件的重要系统供应商的途径。主要通过收购,格罗茨-贝克特逐步进入许多其他机针的应用领域,并通过缝纫机和织机配件补充这些业务。

哈高(Hako)是专业清洁机的全球市场领导者之一。在其收入中,只有一小部分来自机器销售,而绝大部分来自一揽子服务,其中包括租赁、安装规划、咨询和其他服务。哈高为客户提供计算项目或安装成本的方案，然后通过保证这些成本估算来分担业务风险。这一转变使哈高从工业制造商转变为服务提供商。在过去的 5 年中，其净销售回报率从 6.7% 上升到 9.8%。

Lantal 是商用飞机机舱装备的全球市场领导者，为航空公司提供综合系统。它根据客户要求设计整个内饰，以及生产座套、窗帘、机舱隔板、头枕和地毯。[226] 后来，Lantal 进一步扩展了系统产品。由于了解到飞机机舱中使用的材料需要达到极高的安全标准，Lantal 已获得美国联邦航空管理局（FAA）和欧洲航空安全局（EASA）的授权，可以对地毯和其他材料进行认证。客户也更喜欢与唯一供应商合作解决认证和责任问题。

澳大利亚企业 Orica 是世界商业炸药市场的领导者，为采石企业提供完整的解决方案。Orica 不仅提供炸药，还可以帮助客户分析岩层、钻孔和爆破。Orica 为客户爆破岩石，按吨收费。由于 Orica 的每一解决方案都是针对特定客户的，因此，价格不那么透明，客户更难比较。对于 Orica 而言，每个客户的收入、效率和安全性都得到了提高，推动持续收入流的重复业务水平也得到了提高。客户不必再负责爆破。这种关系从本质上提高了客户忠诚度。事实已多次证明，与购买单个产品的客户相比，从供应商处购买多种产品或系统解决方案的客户的转换可能性更小。

实物折扣

在谈判中，客户通常会要求价格折扣形式的让步。而实物折扣（discount in kind）是指客户收到免费的额外数量的产品或服务。这对供应商更有利。然而，需要注意的是，实物折扣的一个先决条件是产能未得到充分利用，有额外数量的产品可以实际交付。实物折扣具有三大优势：

- 增加了销量（unit volumes），因此可使员工不至于停工待产。
- 与相同百分比的价格折扣相比，对利润的影响通常较小。
- 名义价格水平保持不变。

一家运动设备制造商为经销商提供了一项特别优惠作为价格折扣的替代方案：买5件，送1件，每件成本约6 000美元。这表示有效折扣为16.7%，因为经销商收到6件产品但只支付5件产品的费用。利润计算揭示了实物折扣与直接折扣的效果。以10 000美元的价格免费提供一件产品，制造商获得50 000美元的收入，销量为6件，并获得14 000美元的利润。但是，如果制造商改为提供16.7%的统一折扣（flat discount），则单价为8 330美元。销售5件，制造商获得41 650美元的收入，并获得11 650美元的利润。

实物折扣提高了销量，可使员工不至于停工待产，也提高了利润。如果一家企业在短期内使用这种策略来利用产能或避免裁员，会比价格折扣更容易恢复原价，而且价格折扣可能会对标价（list price）产生持久的不利影响。

一家设计师家具（designer furniture）制造商在实物折扣方面

也表现不错。这一领导品牌重视价格的一致性和连续性。客户经常要求价格折扣，有时候还会得寸进尺，因为任何让步都会涉及另外的家具，而不仅仅是价格折扣。每当客户要求价格折扣时，这个家具制造商就提供额外家具。在大多数情况下，客户对此感到满意。这一策略提升了产能利用率，也带来了比价格折扣更高的利润。制造商和客户对额外家具的价值有不同的看法。客户根据零售价格感知额外家具的价值，而制造商则关注可变成本。换句话说，制造商可以提供一份在客户眼中价值100美元的"礼物"，但制造商只需花费60美元。但在直接价格折扣的情况下，厂商需要放弃实际的100美元，才能给客户带来同等的折扣效果。

同样的原则也适用于租房。一般来说，出租人为新租户提供几个月的免租期会比在租赁期间提供每平方英尺的折扣价更为有利。建筑物的价值是根据租金的倍数来估算的，银行在放贷决策时也使用类似的指标。这会激励出租人获得较高的名义租金，即使该租金在几个月内为零。租户也为免租期设置较高的感知价值，因为在租约的最初几个月里，他们可能还有其他紧迫的开支，如支付搬家费用、购买新家具的费用等。

销量和股东价值

我们已经证明，增长和利润是股东价值的主要驱动力。在企业和市场生命周期的早期，销量和客户数量的增长对股东价值的影响大于利润。我们在前几章中重点分析的亚马逊和赛富时的例子为这一点提供了令人信服的证明。投资者和资本市场根据销量对企业进行估值不一定是不合理的。与此同时,更高的客户数量和销量不会自动转化为更高的估值。估值最终取决于多种因素。

首先,从长远来看,最重要的问题是,客户将带来多大的利润贡献(profit contribution)?这就是所谓的货币化。[227] 在这方面,衡量成功的标准不是利润贡献,而是每个客户的平均收入,即 ARPU。当边际成本为零时,某些数字产品就会出现这种情况,APRU 是一个合适的指标,因为收入优化和利润优化本质上是同一个目标。然而,在许多企业中,货币化问题要么悬而未决,要么推延到了越来越远的未来。例如,在免费增值模式(freemium model)下,企业只能从溢价(高价)客户那里赚钱。如果不能成功地将足够多的免费客户转化为溢价客户,企业利润将保持在低位。

其次是客户忠诚度。这最终决定了客户的终生价值。获取在短时间内会大量流失的客户没有任何好处。当客户获取成本很高时,高流失率可能会产生灾难性的影响。

最后是边际成本。边际成本是显著的正数还是为零会有根本的区别。如果边际成本是正数,那么每增加一个客户,或每增加一个单位的销量,会对利润产生负面影响。例如,当价格低于边际成本时,就会发生这种情况。当一些客户不付款时,这一条件就更容易满足,免费增值模式就是这种情况。当边际成本为零时,情况则完全不同,当客户不付款时,成本对利润的影响是中性的。

在企业或市场的早期，这些成功指标的发展必定是高度不确定性的。然而，应该将客户数量、销量、利润和股东价值之间的这些关系牢记于心，以便做出合理清醒的判断，而不是被市场的狂热冲昏头脑。

小 结

在本章中，我们研究了如何以最大化利润和股东价值的方式将销量作为利润驱动因素进行管理。然而，绝非销量越大利润就越高。在某些情况下，较低的销量可以带来更高的利润。一个重要的区别是增长是自发的还是由较低的价格引起的。如果企业使用价格折扣来推高销量，那么对利润的影响可能不会那么有利，甚至可能是负面的。

销量的理论最优条件"边际收入 = 边际成本"，提供了一些关于销量变化如何影响利润的粗略见解。如果边际收入超过边际成本，销量增长会提高利润。在这种情况下，有许多方法可以实现销量和利润的增长，如提高销售业绩、市场渗透、推出新产品、进入以前未服务的细分市场、国际化、多元化、收益管理、使用新的销售渠道（尤其是电子商务）、扩大服务范围、系统解决方案和实物折扣等。

工业企业的服务业务通常比产品业务有更高的利润。因此，发展服务业务不仅会带来更高的销量和收入，还会带来更高的利润。通过将单独的产品业务转变为系统业务（通常包括重要的服务），企业可以增加收入，同时提高客户忠诚度。由于相关的价格和成本的影响，所有这些方法都会涉及利润风险。在这方面，在实施时需要慎重考虑和谨慎应对。

在企业或市场的早期，销量增长可能是股东价值的决定性驱动因素。这取决于三个因素：有效货币化、高客户忠诚度和低边际成本。如果满足这些条件，那么销量和销量增长就将成为股东价值非常有效的驱动因素。

第8章
利润驱动因素：成本

价格和销量，是我们在前两章详细讨论过的两个利润驱动因素，会影响收入，即顶线。而与之相反，第三个利润驱动因素，即成本，则只会直接影响底线，即相应的最终利润水平。价格和销量确实会通过可变成本对底线产生间接影响。边际成本为零的情况除外，销量越高，可变成本也就会越高。降价会提高销量，而这会间接产生相同的结果。因此，价格、销量和成本以复杂的方式相互作用，可通过价格响应和成本函数的形式来表示。

作为利润驱动因素的成本的特征

与价格和销量颇为相似的是，作为利润驱动因素，成本也有其特征。一般来说，成本措施和行为也就是削减成本。那么，这些措施会影响谁？主要影响两个群体：员工和供应商。另外还涉及企业的所有运营活动。正如一位作者明确指出的那样："成本管理应该成为企业所有层级决策者的常规做法。"[228]

企业创造的价值越多，节省劳动力成本的潜力就越大。与价格和销量措施不同的是，成本降低通常会造成诸如裁员或减薪之类的社会问题。相对于价格和销量，管理层可对成本措施进行更多的控制，因为在价格和销量方面，最终结果是由客户决定的。虽然由于政府规定和工会的影响，管理层对员工的权力受到一定程度的制约，但通常都高于对客户的权力。

资源投入的价值越高，供应商的成本节约潜力越大，因此供应商的压力也就越大。供应商与客户之间的相对权力平衡起着决定性的作用。在杂货零售业和汽车行业，当买方不仅对供应商有优势地位，并在实际上利用这样的优势地位时会发生什么的例子，可谓比比皆是。

在面临维持利润的压力时，削减成本往往是管理者可以采取的首要措施，其中一个主要原因是，他们觉得对员工和供应商有比对客户更大的权力。一般来说，他们的第二个措施是增加销量。在三个利润驱动因素中，价格排在第三位，也就是优先级最低的位置。在收购一家有望扭亏为盈的企业时，私募股权投资者通常会遵循相同的优先级排序。

但我反对孤立地考虑成本措施。只有在不会对价格和销量产生不利影响时，这样的措施才是合理的。但与其说这是现实，不如说这是一种理想,因为削减成本的措施通常会对价格和销量产生负面影响。例如,如果一家企业为了节省成本而改用更便宜的材料,这种变化会影响客户对质量和产品性价比的看法。这会降低他们的支付意愿,从而降低销量。汽车行业经历过这种情况。通用汽车和欧宝的故事揭示了许多这方面的事实。我们应该始终牢记削减成本对支付意愿和销量的影响。

与价格措施相比,我们需要更多的时间来实施成本措施。事实上,要经过相当长的时间,这些效果才会完全显现出来。我们在图 6-1 中提到了这种现象。2019 年 7 月,汽车行业冲压机的全球市场领导者舒勒(Schuler)宣布,由于需求疲软,将裁员 500 人。它表示"预计 2019 年的一次性总成本……约为 8 500 万欧元",并且将看到"2020 年下半年的初步成本节约效果"。[229] 成本削减计划会延迟利润效应的另一个例子是关闭分支机构。此类计划仅在现有租赁合同到期后才会有效。[230] 一般来说,时间在成本管理中起至关重要的作用。

削减成本的措施通常需要额外的短期支出或投资。这会在利润改善开始之前就给流动性带来额外的负担。例如,支付长期员工的遣散费,或投资最终会降低生产成本的新机器。

成本措施对利润和流动性的影响可能会有很大差异,具体取决于企业生产产品或提供服务的方式。例如,折旧增加或减少会影响会计成本,但不会直接影响流动性。[231] 但这些变化也会对税收产生影响。假设租赁成本与前面提到的折旧和资本成本相同,则出售资产(如建筑物)然后将其租回会使利润水平保持不变。

但流动性会发生显著变化。资产出售会产生一次性现金流入，随后会被租赁付款的定期现金流出所抵销。

成本的利润弹性

对于给定的价格和销量水平，即在收入不变的情况下，成本变化会直接充分地影响底线（利润）。但是，这一说法仅适用于绝对值而非百分比的成本变化。为了说明这一点，我们可采用图 6-2 和图 6-3 中的说明性数字。我们不妨将价格设定为 100 美元，销量设定为 100 万件，可变单位成本设定为 60 美元，固定成本定为 3 000 万美元。这会产生 1 亿美元的收入和 9 000 万美元的总成本，因此，利润为 1 000 万美元。图 6-2 和图 6-3 显示了价格或销量变化 5% 的利润影响，假设所有其他利润驱动因素保持不变（其他条件不变）。

如果在其他条件不变的情况下，我们将可变或固定成本改变 5% 会发生什么？如果我们将可变成本从 6 000 万美元减少到 5 700 万美元，利润就增加了 30%。按百分比计算的利润改善幅度是可变成本变化幅度的 6 倍。因此，可变成本的利润弹性为 6。[232] 如果我们将固定成本从 3 000 万美元减少 5% 至 2 850 万美元，那么利润将增加 15%，固定成本的利润弹性为 3。[233] 基于同一组数字，价格的利润弹性为 10，销量的利润弹性为 4。

总结一下，相应的利润弹性为：

- 价格　　　　　10
- 可变成本　　　6
- 销量　　　　　4
- 固定成本　　　3

在这些条件下，可变成本是仅次于价格的最有效的利润驱动因素。固定成本的相同百分比变化对利润的影响最小。虽然这些观点仅适用于这一特定的情况，但这种成本分解对于工业企业来说是典型的。如果我们对调固定成本和可变成本的比率，在我们的示例中为 60∶30，那么固定成本的变化将成为更有效的利润驱动因素。

我们可用利润表的数据计算各种成本类别的利润弹性。美国利润表中有一行是"销货成本"，其中包括生产产品和服务的直接支出。它包括材料和人工成本。第二大类成本是我们所说的间接费用（overhead）。其中包括研发费用，销售、一般和行政（SG&A）费用以及其他运营费用。

从不同行业选取的 15 家美国企业的两个成本类别的利润变化如图 8-1 所示。[234]

我们来解释这些数值。如果福特成功地将其销货成本降低 1%，其税前收入将增加 31.3%。而在苹果公司，相应的利润增长将是 2.5%。如果福特将间接成本降低 1%，则利润将增加 4.8%，而苹果公司的利润增加仅为 0.5%。

很明显，利润弹性有极大的差异。利润水平是原因之一。与高利润企业的利润相比,成本节约对低利润企业的利润的影响要大得多。利润出现在弹性的分母中,因此,较低的利润水平会提高弹性。

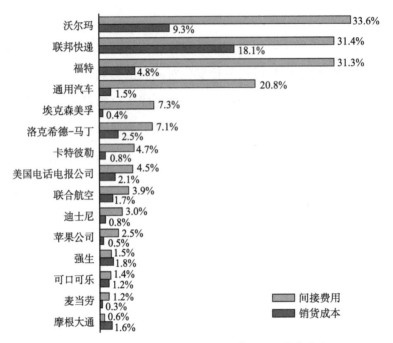

图8-1 所选美国企业的利润变化(假设销货成本或间接费用发生1%的变化)[235]

巨大的差异不仅存在于行业部门之间,还存在于行业部门内部。这可以用供应商结构和价值链的差异来解释。然而,使用美国数据,不可能确定材料成本和劳动力成本的单独利润弹性,因为这两种成本都包含在销货成本中。但很明显,对于沃尔玛、福特或通用汽车等企业而言,材料成本是图 8-1 中利润弹性的主要部分。在这些企业的成本中，供应商的份额都很大。

德国企业通常会在财务报表中列出材料和人工成本。这使我们能够确定这两个成本类别的利润弹性。图8-2显示了所选德国企业的相应成本类别的利润变化。[236] 请注意，图8-1和图8-2中的数字衡量的是不同方面的成本弹性。

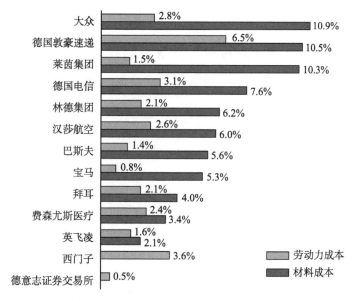

图8-2 所选德国企业的利润变化（假设劳动力成本或材料成本发生1%的变化）

我们来详细分析一下宝马。如果材料成本下降1%，税前收入将增加5.3%。如果劳动力成本下降1%，则相应的利润增长为0.8%。相应成本的增加将导致绝对值相同但符号相反的利润变化。

与美国企业的例子类似，图8-2显示了不同行业部门的巨大差异。工业企业材料成本的利润弹性普遍高于人工成本的利润弹性。汽车制造商的材料成本利润弹性尤其高。这种关系解释了为什么这些企业在采购方面比在劳动力方面更努力降低成本，这是因为回报更高。对于企业来说，与供应商关系紧张要比与员工关系紧张更好过一些。从图 8-2 可以看出，了解这些弹性对企业来说非常重要，因为只有这样，企业才能专注于利用最大的成本杠杆。

如果我们将这些数值与价格的利润弹性进行比较（见图 6-4），就会发现后者往往更高。解释很简单：当利润为正时，材料和人工成本之和小于收入。

固定成本与可变成本

在成本如何影响利润方面，成本分为固定成本和可变成本的方式至关重要。但是，人们常常忽略了必须根据具体时期来确定固定成本和可变成本的分配。从长远来看，除了企业有无限期义务的情况，[237] 所有成本都是可变的。然而，在短期内，很大一部分成本可以是固定的。其中包括合同条款（例如通知期）内的人工成本。因此，使用成本来制定有关策略、销量和价格的决策需要确定相关时期。这可能是一个季节、一个营业年度或产品的整个生命周期。对于本章的主题，即成本对利润的影响，为什么固定成本和可变成本之间的区别非常重要？有以下几个原因。

成本和底价

成本决定了产品的底价或价格下限。这对应企业提供产品或接受订单的最低价格。价格下限的设定取决于短期和长期考虑因素之间的区别。从长远来看，企业应该只有在产品价格足以支付可变成本和固定成本时才销售产品。因此，长期下限或底价由总单位成本或全部成本（full cost）决定。

短期的情况则有所不同的，因为根据定义，固定成本不能减少，应该尽可能地支付或"超额支付"（over-covered）。只要销售价格高于边际成本，企业就可赚取边际贡献来支付其固定成本。为了简单起见，我们在这里假设成本函数是线性的，那么边际成本和可变单位成本是相同的，并确定了短期价格下限。价格和可变单位成本之间的差异称为单位边际贡献（unit contribution）。也可以说，在短期内，只要产生正的单位边际贡献，就值得销售。

如果可以对单个产品单位进行差异化定价，如在定制的情况下，那么各自的边际成本构成了价格下限，而不是可变单位成本。如果一家生产多种产品的企业接受了一个增量订单（incremental order），且订单要求只生产一种产品，那么该企业就需要考虑在另一种产品上放弃的利润，即所谓的机会成本。在这种情况下，价格下限等于边际成本和机会成本之和。

更宽泛地说，由于超出产品本身的一系列动态关系，企业可能会产生机会成本。这些成本可能会出现在生产和销售过程中。

在这种情况下,价格下限具有复杂的结构,无法以一般方式来确定或表达。

对价格下限的最重要见解是:

- 长期价格下限: 总单位成本(全部成本)
- 短期价格下限:
    - 对于统一价格: 可变单位成本
    - 对于差异化价格: 边际成本
    - 对于产能瓶颈: 边际成本加机会成本

成本和盈亏平衡点

盈亏平衡分析的第一步是通过从价格 p 中减去可变单位成本 k 来计算单位边际贡献。我们在这里假设成本函数是线性的,即可变单位成本和边际成本都是恒定且相同的。而对于非线性成本函数,则可以采用一定销量区间的平均可变单位成本。

单位边际贡献 d 可定义为:

$$d = p - k \tag{8-1}$$

盈亏平衡点(BEP)可通过固定成本 C_{fix} 除以单位边际贡献 d 来确定:

$$\text{BEP} = C_{fix}/d = C_{fix}/(p-k) \tag{8-2}$$

这一销量水平产生的收入恰好等于固定成本,而这意味着利润为零。因此，盈亏平衡点通常被称为利润阈值（profit threshold）。销量高于盈亏平衡点会产生利润，而只要销量低于盈亏平衡点，企业就会亏损。

从式（8-2）和图8-3中可以看出，固定成本与盈亏平衡点销量之间的关系是线性的。然而，可变单位成本的变化对盈亏平衡点销量的影响是非线性的。图8-3中的数据来自我们现在熟悉的工作案例，固定成本为3 000万美元，固定价格为100美元。

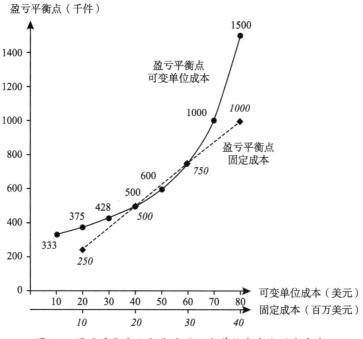

图8-3　盈亏平衡点如何取决于可变单位成本和固定成本

以100美元的价格计算，盈亏平衡点（即保本销量）为750 000件。随着可变单位成本的增加，盈亏平衡点将超比例上升；而随着可变单位成本的下降，盈亏平衡点也将超比例下降。如果我们假设可变单位成本的起始值为60美元，那么与固定成本的相同百分比增长相比，这些成本的相同百分比变化将推动盈亏平衡点更快地增长。但低于500 000件的盈亏平衡点，固定成本的减少对盈亏平衡点的影响比可变单位成本的减少更大。因此，关于固定成本或可变单位成本的投资和措施是否对盈亏平衡点有更大影响的决策将始终取决于当时的情况。

盈亏平衡点是初创企业和新产品的关键指标。只要销量低于盈亏平衡点，现金流就会是负值，企业就需要从外部寻求资金。对于给定的价格，较低的盈亏平衡点更容易达到。企业超过该利润阈值并且不需要注资的可能性会增加。换句话说，较低的可变单位成本或较低的固定成本会降低新业务或产品失败的风险。

盈亏平衡分析是一种实用但不完善的工具，可用于对初创企业、创新的推出或产品的淘汰做出"是或否"的决策。不完善之处在于这种分析没有考虑"超出"盈亏平衡点会发生的情况。

分配固定成本和可变成本的另一个重要结果是，只有边际成本会影响利润最大化价格［见式（6-1）］。根据决策制定只应考虑决策所依靠的那些变量的一般原则，我们可以说固定成本是无关紧要的额外变量（extraneous variable），因为它既不依靠价格，也不依靠销量。利润最大化价格的相关决定因素是边际成本（等于可变单位成本，如果成本函数是线性的）和价格弹性。这意味着，企业如果不能很清楚地确定边际成本，就无法确定最优价格。

成本结构

固定成本和可变成本通常是正的，尽管这两种成本类别之间的关系可能很不一样。在极端情况下，两者之一可以忽略不计或为零。图 8-4 显示了固定成本和可变成本的三种很不一样的结构以及相应结构的服务类型示例。

在每一种情况下，价格都是 2 美元，保持不变。在资本密集型服务的示例中，固定成本为 200 美元，而可变单位成本基本上为零。在这种情况下，盈亏平衡点为 100 件。由于成本曲线保持在恒定水平，利润在该销量的右侧急剧上升。对于图 8-4 所示的技术密集型服务，我们将固定成本设为 100 美元，可变单位成本设为 1 美元。在这种情况下，盈亏平衡点也是 100 件。但是，超出盈亏平衡点的销量增加所导致的利润增长小于资本密集型服务。在劳动密集型服务示例中，固定成本为 50 美元，可变单位成本为 1.33 美元。价格为 2 美元，保持不变，则销量仅需 75 件即可达到盈亏平衡点。但盈亏平衡点右侧的利润增长要小得多。在资本密集型服务示例中，每销售一个增量单位可产生 2 美元的额外利润，在技术密集型服务示例中为 1 美元，而在劳动密集型服务示例中仅为 67 美分。

可变单位成本（一般来说，即边际成本）越低，销售增长就越有利可图。低可变成本通常伴随高固定成本，这种情况会导致通过提高销量来实现增长的强大压力。在资本密集型服务行业，高产能利用率是实现持续盈利的最佳途径。

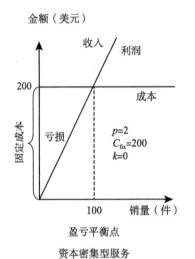
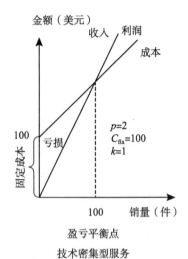
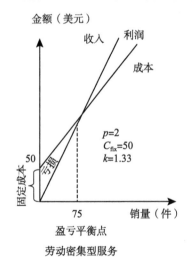

图8-4 固定成本和可变成本的不同结构及行业示例

两种成本（固定成本和可变成本）的结构导致了有趣的策略选择。为了降低可变成本，通常必须接受更高的固定成本。自动化就是这方面的一个很好的例子,因为通过投资机器,抵消了较低的可变成本(较少的劳动力),从而导致较高的固定成本。另一个很好的例子是从通过零售商销售转向通过自己的商店销售,正如许多奢侈品和时装公司所做的那样。此举将成本结构转向更高的固定成本。

但成本结构的这种变化也改变了企业的风险状况,意味着在危机时期,企业将承担高额固定成本。2009年,在大衰退最严重的时候,我逛了一下新加坡莱佛士酒店(Raffles Hotel)的购物中心。所有著名的奢侈品牌都在那里开设了自己的商店,而这些商店的租金导致了高昂的固定成本。然而,我没有看到客户。即使在最近,许多时装公司都遇到了生存危机,有些甚至无法生存,其中包括Gerry Weber、Esprit、Charles Vögele和Miller & Monroe。造成这种困境的一个重要原因是,企业通过增加自营商店进行扩张,引起固定成本大幅上升。在这种情况下,有趣的是,我们会发现成本管理通常都伴随着成本削减。但经常被忽视的是,这些成本削减措施改变企业成本结构的方式。当固定成本因此上升时,它可能会限制企业在危机来临时的回旋余地。[238]

在持续增长的时期,企业总在设法将其急剧上升的可变成本从独立销售代理商、批发商、零售商和物流商转移到自己的产能上。尽管固定成本有所增加,但只要增长继续产生高销量和高收入,这种策略就是有利的。但如果销量和收入增长停滞不前或下降,企业将承担高昂的固定成本,并有可能最终出现亏损。在这种情况下，降低固定成本很困难，因为其中许多固定成本与长期投资承诺有关。

规模经济和经验曲线

持续提高生产率，从而降低成本，是提高利润乃至企业生存不可或缺的先决条件。降低成本的两个重要决定因素是规模经济和学习效应。规模经济是指单位成本随着产量和销量的增加而下降。企业产出越多，单位生产成本就越低。这是一个静态的概念。与此相反，学习效应是以经验曲线的形式运作的动态过程。这一概念是指经过通货膨胀调整的单位成本随着累计产量每翻一番而下降一定百分比。企业需要时间来获取经验曲线效应。而为了实现规模经济，有规模就足够了。

追求规模经济和经验曲线效应具有相同的结果，即它们驱使企业销售更多产品或服务。随之而来的成本降低使企业能够主动降价，以实现更大的销量，或在竞争对手发起攻击时被动降价。在理想情况下，成本下降速度快于价格下降速度，更高的边际贡献再加上更高的销量会带来巨大的利润。但这种策略并不总是能够成功。价格下降速度快于单位成本下降速度的情况并不少见，而这会降低边际贡献，从而可能导致尽管销量增加，但利润下降了。最近的研究表明，企业往往会高估规模经济和经验曲线对成本的影响。人们应该对这些影响以及与之相关的销量最大化的天真信念持一定的怀疑态度。

零边际成本

由式（6-1）可知，边际成本是最优价格的决定因素之一。利润最大化价格是通过将基于价格弹性的加成应用于边际成本而得到的。互联网的一个特征是，在许多情况下，边际成本接近零。边际成本为零或接近零的现象并不是什么新鲜事。相对于开发成本，软件以及在某些情况下的制药和电子产品的边际成本通常非常低。这同样适用于使用本来没有使用的飞机座位或旅馆房间。额外的乘客或客人只会产生最低限度的额外成本。

但在网络上，"零边际成本"现象的范围要大得多。杰里米·里夫金（Jeremy Rifkin）认为这一观念极具革命性，可能会削弱甚至导致资本主义的垮台。[239] 在《零边际成本社会》(*The Zero Marginal Cost Society*)一书中，他支持了这一观念，断言价格最终会接近边际成本水平。因此，如果边际成本趋于零，那么价格也应该趋于零。但没有资本主义企业家愿意以这样的价格生产商品和服务。公共或非营利组织将需要承担这一角色，而这将代表资本主义的终结。

里夫金将他的零边际成本范式扩展到许多经济部门，其中包括能源（太阳能、风能）、共享经济和所谓的大规模开放在线课程（慕课）教育。在共享经济中，可用的生活空间或车辆等资源在用户之间共享，而不是闲置。毫无疑问，这些现象并非全新的，但由于互联网的普及正在像野火一样蔓延，从而对边际成本、企业及其价格模型产生了巨大的影响。

然而，边际成本实际上为零的情况很少见。尽管书名中的提法是"零边际成本"，里夫金在书中提到的是"边际成本接近零"。如果边际成本为零，并不意味着利润最大化价格也为零。在这种情况下，它与收入最大化价格相同。在最大化收入时，价格弹性为-1。当边际成本接近零并且价格接近其收入最大化水平时，基于价格弹性的加成将会保持其有效性。[240]但是在边际成本非常低的情况下，加成因子（markup factor）会非常高。

零边际成本的一个重要方面是，假设其他条件相同，价格和销量的提高会对利润产生同样的正面影响。这是因为提高销量不会增加成本。但在这种情况下，价格竞争很可能会加剧。原因是价格的短期下限处于边际成本水平，即处于或接近零。这就是数码产品往往价格极低甚至为零的原因。

当边际成本为零时，迫切需要流动性的卖方可以将其价格设定为略高于零但仍能赚取边际贡献并产生现金流的水平。但企业无法凭借这种理念无限期地生存下去。如果边际贡献还不足以支付固定成本，则亏损是不可避免的。

当边际成本为零时，提高销量的压力是巨大的。当相应系统的开发和运营的固定成本很高时，尤其如此。供应商基本上都被迫追求最大数量的用户。当固定成本分摊给尽可能多的用户时，出现垄断的可能性很高。边际成本低的数字型企业获得非常高的净利润率并非巧合。阿里巴巴实现了令人难以置信的29.3%的净利润率，而Facebook的净利润率为26.1%，字母表公司的净利润率为21.2%。[241]请注意，这些净利润率数据是税后的！

零边际成本也对竞争产生巨大影响。随着时间的推移，传统供应商，也就是以更高的边际成本销售实物产品或提供个人服务的供应商，没有机会与零边际成本的数字型竞争对手抗衡。YouTube、奈飞（Netflix）、Spotify、缤客（Booking.com）和类似服务提供商使音像店、电影院、传统广播电视和旅行社边缘化，甚至在某些情况下已经过时落伍了。而对于系统边际成本明显不为零或接近零的企业或部门，情况则有所不同。在这种情况下，系统边际成本是指提供服务的所有成本，而不仅仅是数字平台运营所产生的成本。此类企业包括优步、弗利克斯巴士（Flixbus）、众创空间、快递企业、自行车和滑板车租赁企业以及类似服务提供商。它们会产生司机、车辆、维修和保养、折旧等方面的可变成本。这些企业能否获得可持续的利润并收回资本成本还有待观察。比较和评估互联网企业的根本区别在于其边际成本是可以忽略不计（等于或接近零）还是与零有显著差异。

在本节结束时，零边际成本条件仅适用于有限的时间区间，即使对于纯数字服务也是如此。如果一家企业获得了1个、10个或100个新客户，则成本上升可以忽略不计，而且边际成本基本保持为零。但如果企业获得10万个或100万个新客户，则需要扩展其IT支撑能力和数据网络。换句话说，当客户数量急剧增加时，固定成本会发生阶跃变化。投资增加了大量的固定成本，边际成本将再次保持为零，直到下一个阶跃变化发生。

成本管理

成本管理关注成本的构成,通常是指设法降低成本。与之相反,成本计算则提供成本方面的信息。我们可以把这两个类别视为控制的子区域。为了评估成本降低的潜力,企业采用了多种方法,例如标杆分析法(benchmarking)、目标成本法、作业成本法、管理费用价值分析、产品生命周期成本法、设计思维、业务流程再造或跨企业分析。标杆分析法和目标成本法是最常用的方法。[242] 其应用因行业而异。包括供应商在内的跨企业分析主要用于汽车和电子等制造行业。在20世纪90年代,曾引起广泛讨论的业务流程再造概念很少导致哈默(Hammer)和钱皮(Champy)设想的"根治"。与之相反,该概念的影响通常仅限于流程改进。[243] 数字化,有时被称为"工业4.0",则带来了更激进的流程创新。

令人失望的是,对于成本管理与盈利能力之间是否存在关联,学术界尚未提出任何令人信服和具有代表性的证据。人们经常听说个别研究项目取得了令人瞩目的成功,但在这方面并没有代表性的研究。一项针对131位会计负责人的调查收集了成本削减计划成功方面的数据。利用这些数据,我们可以估算如下这些方面的成本降低幅度:[244]

- 产品成本:5.4%
- 流程成本:7.7%
- 售后成本:2.4%

- 管理成本：9.0%

毫不奇怪，幅度最大的成本节省来自管理，但流程显然也提供了相当大的合理化潜力。即使这些成本降低看起来并不显著，但如果考虑到我们在前几章中强调的低回报率，例如，《财富》500强的平均税后销售回报率只有5%到6%，也就能理解这些成本降低能够产生重大影响了。

成本管理影响股东价值的证据就更少了。关于削减成本计划，尤其是裁员计划的公告，往往会在资本市场上引起正面的回应。但这些公告最终是否能够持续提高股东价值，我们还不能将其推广到一般化的情况（即泛化），而这极可能取决于长期实施的成功与否。

成本文化

成本管理的成功绝不仅仅取决于组织措施，员工的态度和行为起决定性的作用。令人惊讶的是，人们对这些软性因素知之甚少。一篇研究论文的作者说："据我所知，这是在降低成本的特殊背景下对行为因素进行实证调查的第一项研究。"[245] 这项研究证实，成本文化、管理层承诺和员工参与对成本削减措施的成功具有重大影响。这些发现是高度合理的，并不令人惊讶。成本文化无疑有助于应对这些挑战。这种文化的核心要素是每位领导者和员工共同承担成本责任。罗宾·库珀（Robin Cooper）这样描述这种文化："成本管理，就像质量管理一样，必须成为规范和约束企业里几乎每个人的规章制度。需要创建对所有成本要素产生巨大下行压力的系统。"[246]

员工参与

成本削减计划经常遭到员工的抵制。当削减成本的措施使工作面临风险时尤其如此。企业可以通过及时与员工沟通，并请他们参与进来等措施来减少这种阻力。但员工也可以在成本管理中发挥更积极的作用。直到今天，老式的"建议箱"仍然是一个削减运营成本的非常重要的创意来源。箱中的建议会影响产品质量、工作条件、流程和成本。执行相应活动的工人的知识可以成为非常丰富的节省成本的措施的来源。因为减少了报废率，所以提高产品质量的建议可以间接降低成本。

管理层承诺

很明显，管理层的承诺和影响决定了成本削减措施的成功与否。第一，只有高层领导果断和坚定，企业才能克服阻力。第二，措施需要时间才能见效，这意味着管理层需要坚持不懈。管理层，尤其是首席执行官以身作则，树立榜样，会在企业的成本文化和员工的反应方式中发挥核心作用。

如果高层领导挥霍无度，员工可能不会明白为什么自己需要勤俭节约。首席执行官对避免浪费负最终责任。俗话说，工厂里的水龙头滴水，老板要出手。这种干预可能只是象征性的，但关键是，在首席执行官的示范下，企业会力求避免点滴的浪费，达到"积少成多"的效果。

根据我的经验，企业在这些软性因素方面差异很大。我相信成本文化、员工参与和管理层承诺对总体成本以及成本削减计划的成功具有极大的影响。一方面，它们会强烈影响企业的盈利能力，从而影响其生存机会。但我并不是说，没有一家企业会因为努力节省成本而毁灭。例如，如果因为削减成本而影响质量，企业有可能"自救至死"（save itself to death）。另一方面，很多企业倒闭是因为它们缺乏足够的成本意识，不能有效地管理成本。

效果：成本价值分析

效果是做正确的事情，即做对的事情，而效率则回答了事情做得如何的问题，即做好事情。可以说，活动的价值是效果最重要的方面，而生产力和成本是效率背后的重要因素。提高效果的一个有用工具是成本价值矩阵，其一般形式如表 8-1 所示。

表 8-1 成本价值矩阵

		价值			
		价值参数 1	价值参数 2	价值参数 3	价值参数 4
成本	成本参数 1				
	成本参数 2				
	成本参数 3				
	成本参数 4				

该矩阵及其背后的方法有多种不同形式：输入-输出矩阵、

质量功能配置（Quality Function Deployment）、价值工程和活动价值分析。[247] 所有这些的基本步骤都是相似的。输入因素包括成本、时间、员工或投资预算。数据和信息来自财务或会计。价值（输出）参数包括客户感知的效果，例如，质量、效率、速度、经济可行性和其他类似属性。在这种情况下，客户可以是内部或外部的。最终是客户自己决定他们获得多少价值。关于利润最大化，可以从任一方面（成本或价值）入手。如果从成本入手，那就应该力求最终价值最大化。如果从价值入手，那么目标就是最小化成本。

矩阵单元（matrix cell）中的系数在分析中起核心作用。它们决定输入（即成本因素 cost factor）如何转化为客户价值。这些系数可以通过技术分析（例如更贵的材料能在多大程度上延长产品寿命）、专家评估 甚至客户调查来确定。这一矩阵，即使不能完全填写，也会产生成本节约潜力方面的重要见解。那些对客户价值贡献很小的输入（即成本参数）需要首先予以减少或消除。相反地，应高度重视对客户价值有很好效果的输入参数。

消除无效

如上所述，效果是就做正确的事情而言的，而所谓正确的事情是为接受者或受益人提供价值的活动。当成本价值矩阵中的系数为零或接近零时，活动是无效的。正如以下例子所示，无效很普遍。

在一家大型能源企业，我们研究了某些内部服务的使用方式以及目标"客户"从中获得的价值。这些服务包括一个部门向其他内部部门提供的信息、分析和其他服务。事实证明，客户很少甚至从未使用过这些服务中的大部分，因为他们通常认为它们没有什么价值。在这些无效的服务中，有许多可以减少甚至消除。现代信息技术使企业能够毫不费力地精准确定内部服务的实际价值和使用情况。

这种内部情况的一种可能的解决方案是"拉动"系统，类似日本的看板方法。目标是以成本优化的方式控制多阶段集成链的每一制造阶段的增加值。服务不是被"推"给内部客户，而是当且仅当他们需要时才被他们"拉"出来。最好为服务分配一个内部转移价格。这个价格（内部转移价格）反映了其（服务）是否真正受到潜在客户的重视。

无效也发生在与外部客户的关系中。一家油漆制造商为B2B客户提供42种不同的服务。客户高度评价产品相关服务，并予以广泛使用。但一般服务的情况恰恰相反，例如法律、税务或继任问题方面的服务。对于此类问题，客户通常求助于自己的税务顾问、律师或其他专家。为客户提供服务会产生相当大的成本，但收入甚微。在项目中，我们建议该油漆制造商取消一半的服务组合，从而在不降低对客户的价值的情况下节省大量资金。

我目睹了很多无效的情况。想一想企业发放的那些客户杂志。我收到的大多数最终直接被扔进垃圾箱或回收箱。它们根本没有给我带来任何价值，带来的只是对浪费的沮丧。这同样适用于银行和投资顾问的报告。最简单的解决方案是用"拉动"系统取代这种"推动"系统：提供完全无纸化服务，仅应要求发送印刷材料。大型银行可以通过这一简单的技巧节省成百万上千万的资金。

描述无效产品的短语包括过度设计、一体化解决方案和功能冲击（feature shock）等。[248] 这些问题需要在概念开发的最初阶段引起注意。质量功能配置和价值工程等方法有助于避免产品方面的无效性能。但有时使用差异化产品（或服务）和价格可以将无效性能转化为有效性能和有偿性能。一个例子是宝马7系（BMW 7）中的电视功能。作为第一代导航系统的一部分，该功能免费提供。许多司机甚至不知道该功能的存在，很少有人使用它或看到它的任何价值。只有非常特定的目标群体，如聘用私人司机的客户才能从电视功能中获取高价值，因为司机需要在车内长时间等待。因此，单独提供并收费是有道理的。从第六代导航系统开始，电视功能的价格定为1 300欧元。这种策略不是为了节省成本，而是为了让无效的性能变得有效。

通常无效的性能很难识别。对于一般服务和管理职能尤其如此，而对于与产品或客户密切相关的服务则不然。但无效绝不是失败的代名词。无效在研发中尤其难以识别。我们来看一个制药行业研究人员的例子。如果该研究人员调查了99种物质，并没有发现明显的效果，这不是无效，而是可能导致在对第100种物质进行调查时取得成功的必要步骤。我们通常不会把推出新产品失败归类为无效，因为在许多情况下，只有实际的产品发布，才能揭示成功或失败的路径。

话虽如此，我怀疑无效是研发中经常发生的事情，尤其是在大企业。其中一个指标是每项专利的成本差异。隐形冠军平均每项专利只需要 529 000 欧元的研发预算，而大企业每项专利则需要 270 万欧元的研发预算。对这种差异的一种解释是，大企业的项目往往更全面。但创新过程也存在根本差异。直白地说，可以这样来描述差异：大企业在项目上投入大量研发预算，而隐形冠军则配置专门的团队来避免无效，并用更低的成本开发产品。隐形冠军的方法有两个正面的连带作用，即更快的开发时间和明显更高的专利使用率（80%），而大企业的专利使用率仅为 20%。

效率和生产力

效率是指以最少的努力和资源获取特定的结果。这本质上就是利润最大化的意义所在。企业应避免任何资源、劳动力和智力的浪费。

这些是每位负责任的企业领导者都会接受并内化的一般性观念。改进效率的措施不胜枚举。产品和工艺创新是最重要的。用更少的材料达到相同的性能水平时，就会出现技术进步。过去，一条跨大西洋电缆需要 12 万吨铜。而今天，我们只需要 800 公斤这种昂贵的材料就可以提供更大的传输能力。

优秀的企业都知道并能感受到不断提高效率和生产力的需要。前段时间，哈佛商学院的 13 位教授访问了德国的隐形冠军以及西门子、空中客车和宝马等几家大型企业。不久之后，我向几位参与者询问了对这次访问的印象。我得到了两个一致的答案：

- 所有企业都力求年复一年地持续改进。
- 德国人痴迷于生产力。

第一句话符合德国美诺120多年来一直践行的"精益求精"的座右铭。它涵盖了美诺所做的一切。该座右铭的背后是与日本改善（Japanese Kaizen）方法相同的理念，旨在持续改进。这不仅适用于质量或及时性，还适用于成本。

第二个观察结果让人想起宝马销售主管的一句话："如果我们每年将生产力提高5%，这意味着在产能不变的情况下，我每年需要多销售5%的汽车。"这句话准确地抓住了生产力和增长之间的关系。提高生产力，从而降低成本，在不增加额外产能的前提下，提高产量。这使企业可以选择降低价格或以不变价格赚取更高的利润。任何企业都不能止步于当下在效率或生产力方面所取得的成就。竞争从来不会停止，持续改进过程中的每一次停顿都会使企业面临生存的风险。

供应商

供应商通常是成本削减的最重要对象。在企业自身的增加值很低时尤其如此。因此，每一项新的成本削减举措都会增加供应商的压力。长期合同通常包括削减成本的目标，并将收益转移给买方。赫伯特·迪斯（Herbert Diess）后来担任了大众汽车公司的首席执行官。他在担任宝马采购主管期间，在这方面表现得非常出色。有一条评论指出:"自 4 年半前上任以来,宝马采购主管赫伯特·迪斯已将材料成本总计减少了 40 亿欧元。他比计划提前一年实现了成本节省目标,并成为内部明星。"[249]

不过,不可否认的是,在某些情况下,对供应商的极端压力会导致中长期的不利后果。这可能会引起质量下降,迫使供应商退出市场,或促使供应商放弃业务。一位管理者就最后一点说:"我不再向最大的客户发货。他们将价格压至最低,同时要求我们提供范围更广的服务。我现在可以将腾出的产能重新分配给其他客户,从而更有利可图。"一位服务提供商的以下评论与此相呼应:"一家大型汽车公司年复一年地要求我们投标业务。但是因为他们只以低价外包业务,我们从来没有提交过报价。如果投标并中标,就需要用核心业务的资金来交叉补贴这项业务,这不合理。"

这位服务提供商随后指出接受此类合同的长期影响:"我们认为它不合理的另一个原因是,一旦进入低价细分市场,几乎就没有任何理由再提高价格。像我们这样的高端服务商只能专注于做好一件事情。我们曾考虑雇用成本较低的员工来提供低端服务,但发现此举带来的问题要多于解决的问题。有时候,最好的生意就是不接受交易。"

另一位领导者谈到了一些其他方面的问题:"当买方对价格施加太大压力时,我会将他们转介绍给我们的竞争对手。我失去了收入,但低价会削弱那些取代我成为供应商的竞争对手。这显然符合我的利益。"但供应商只在有一定地位的情况下才能承担起此类措施的代价。从长远来看,这些措施可能会有副作用。

在买方中流行的一种策略是要求供应商披露成本,可称之为开簿(卷)定价(open book pricing,OBP)或开簿会计(open-book-accounting)。有时买方会支持供应商进一步削减成本。OBP 是有争议的。对物流行业 59 位买方的调查得出的结果如图 8-5 所示。[250]

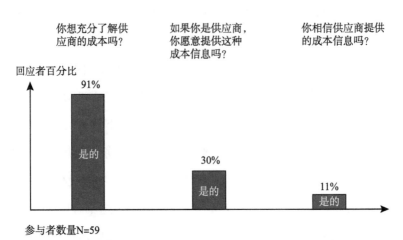

图8-5 买方对开簿(卷)定价(OBP)的意见

资料来源:Hoffjan/Lührs/Kolburg 2011.

调查结果中的矛盾令人费解。虽然有 91% 的买方希望供应商透露成本信息,但如果他们是供应商,则只有 30% 的买方愿意遵从要求。平均 9 位受访者中只有 1 位相信供应商提供的成本信息。

当然,供应商有强烈的动机以尽可能高的成本粉饰产品。在西蒙顾和的项目中,我们了解到,在汽车行业中,有相当数量的供应商拒绝让客户看到它们的成本信息。买方能否让供应商降低成本和价格取决于市场中的相对权力平衡。因此,我们经常会对权力平衡进行定性分析,从而来评估现实的价格和成本情况。

数字化

数字化在成本管理中具有至关重要的作用。数字化方面的措施包括降低成本（例如更好地协调生产系统、节省劳动力成本、减少库存、更有效地管理）和为客户创造价值（例如更快地交付、更个性化、更便利）。这两种效果通常是同时实现的。

为了有效降低成本，并为客户提供更大的价值，在大多数情况下，如果要采取这些措施，就需要对价值创造过程进行彻底重组。数字化和人工智能带来了全新的机遇，但这些发展必然会导致一些工作岗位的流失。

几个例子揭示了数字流程可以带来的巨大改进潜力。芬兰隐形冠军芬发自动化（Fastems）提供制造管理系统，企业可使用这一系统将单个机器集成到生产工作流程中。在很多情况下，在集成之前，这些机器的利用率低至25%~30%。整合后，利用率通常会提高到50%~60%。换句话说，工厂可以用一半的安装机器的场地来获取相同的业绩，或可以将现有场地的产量提高一倍。

通快集团是一家世界领先的机床、激光技术和工业应用电子公司。得益于完全数字化的流程，可以在4小时内向客户交付定制的工具。更快的交付速度节省了成本，并为客户提供了更高的价值。德国MK科技公司（MK Technologies）使用熔模铸造（一种3D打印的替代技术）生产可制作形状极复杂的产品的装置。过去需要一周的时间来制作这些形状复杂的产品，但MK科技公司的装置可在4小时内生产出来。埃隆·马斯克（Elon Musk）的太空探索技术公司（SpaceX）采用了 MK 科技公司的这些机器。我们也见证了复杂服务的类似改进。Control Expert 在数小时内以数字方式处理汽车损坏理赔业务，每年可处理 900 多万个案件。而在过去，这类理赔过程需要数周的时间。

数字化通常主要或完全受成本驱动。但这种看法太狭隘了。数字化也为营销提供了巨大的潜力。一个经常被忽视的关键方面是对客户价值的影响。上面的示例也与客户价值的提升密切相关。但数字化自动提升客户价值的说法并不正确。大约 99% 的消费者应用程序失败是因为客户认为没有什么用处。企业往往很少关注数字创新如何影响客户价值和忠诚度。

避免傲慢

持续的成功是变革的敌人，并使成本管理难以推行，尤其是在让员工接受方面。在进展一切顺利的情况下，员工想知道为什么要合理化和削减成本。Ciba-Geigy 前首席执行官 Heiner Lippuner 这样表达由此带来的挑战："智者在顺境时自愿做事，而愚者则在逆境时被迫做事。"[251] 实际上，在良好的财务状况下，应该更容易实施成本削减措施，因为有充足的资源用于投资、支付遣散费和其他费用。

成功是傲慢之母。人们不应低估这一令人不快的现象的影响。我记得在 2004 年有一次参观赫尔辛基附近的诺基亚总部。当时，诺基亚在全球手机市场的份额超过 40%。在不可战胜和竞争优势方面，我几乎没遇到过比那次访问更傲慢的态度。一条评论是："拥有 19 000 名研发人员，我们是无与伦比的。"当这种情绪渗透到高层管理者的思想时，很难指望员工表现出任何谦虚或成本意识。另一个例子是柯达。柯达一直在创造创纪录的利润，直至其作为市场领导者消亡的前几年。令人舒适的利润状况不太可能激励管理层追求变革。

在全球喷气发动机市场领导者通用电气的飞机发动机公司，我经历了与这种夸张的自信完全相反的情况。在当时的首席执行官格哈德·诺伊曼（Gerhard Neumann）的办公桌后面，总是挂着一块牌子，上面写着"感觉不安全"。[252]当我拜访他时，他总是强调持续感觉到不安全的重要性。他说，这样就保留了改变的意愿，并使管理层和员工保持警觉和成本意识。[253]麻省理工学院名誉教授诺姆·乔姆斯基（Noam Chomsky）表示，削减和控制成本的经典策略是利用员工的不安全感。[254]他引用了艾伦·格林斯潘（Alan Greenspan）在美国国会前的一次演讲。在演讲中，这位美联储前主席将员工的不安全感视为提高生产力的一个要素。然而，我对此抱有怀疑。持续的不确定性可能会演变成愤世嫉俗，但适度的不安全感肯定会比明显的傲慢更可取。

成本和危机

在危机期间削减成本显然更容易实施。如果企业需要保持头脑清醒，那么，除了削减成本，别无选择。但与企业生存息息相关的每个人都应该参与其中。²⁵⁵ 2008年之后的大衰退提供了这方面的许多案例。通快集团受到的打击尤为严重。2008~2009财年它的收入下降了23%，次年又下降了19%。但通快集团以堪称典范的方式应对了这一潜在的致命威胁。通快集团竭尽所能，从减少工作时间到带薪休假，再到取消加班。在某些时候，实际工作时间减少到零，于是员工将时间用于培训和额外的资格认证。通快集团甚至提出要培训客户的员工。这些措施使通快集团留住了合格的员工，并在危机平息后加快恢复进程。

对未来危机而言，有三个教训值得吸取。首先，在劳资双方之间建立建设性的合作关系极有帮助。其次，政府在财政支持方面的作用不可低估。最后，即使在危机时期，重点也不应仅仅放在削减成本上，而应放在长期结果上。

小　结

成本是企业利润、竞争力和生存能力的极重要的驱动因素。在利润方面，主要关注点是削减成本。与其他两个利润驱动因素（价格和销量）不同的是，成本的一个特征是，削减成本的措施主要影响的是员工和供应商。企业和其他受影响方的相对权力，对实施成本削减措施的能力起着决定性的作用。

总成本的利润弹性与价格的利润弹性大致相当。固定成本和可变成本（对利润）的贡献大小取决于其相对权重。确定哪些是固定成本，哪些是可变成本，总是需要确定相应的时期。在短期内，大多数成本是固定成本，但从长期来看，几乎所有成本都是可变成本。

盈亏平衡分析是一种实用工具，可用于对产品推出、投资或从投资组合中淘汰产品做出是否可行的决策。可变成本变化对盈亏平衡点的影响是非线性的，而固定成本变化的影响则是线性的。

成本是价格下限的基础。当成本函数为线性的时，短期价格下限基于可变单位成本。当成本函数是非线性的时，价格下限的基础是边际成本。从长远来看，总成本决定了价格下限。总成本是分布在整个销量中的可变成本和固定成本。

边际成本是利润最大化价格的两个决定因素之一。利润最大化价格是由基于价格弹性的边际成本加成确定的。固定成本对利润最大化价格没有影响。

固定成本和可变成本结构对利润和销量管理有显著影响。高固定成本加上低可变成本增加了提高销量的压力。由于较高的正单位边际贡献，增加销量会对利润产生巨大影响。当边际成本为零或接近零时，这种影响尤为明显。这种现象适用于许多数字型产品和服务。因此，短期价格下限接近于零。规模经济和经验曲线的作用相似，因为销量增长对利润有非常大的影响。

建立成本结构的形式是一项战略挑战。选项可以介于两个极端之间，其中一种成本（固定或可变）基本上为零，而另一种成本则几乎占全部成本的100%。所选择的结构会影响销量对利润的影响，也会导致不同的风险状况。

成本会计产生成本及其结构方面的信息。相比之下，成本管理涉及积极努力降低特定活动或达到特定绩效水平的成本。人们对成本管理的长期成功知之甚少，原因之一是企业不愿意为学术研究提供成本信息。成本削减计划最多可节省10%。这似乎不是革命性的，但与许多企业的低销售回报率相比，这种幅度的改善对利润产生了重大影响。

除了组织和方法性措施外，许多软性因素，如成本文化、管理层承诺和员工参与等，对成本管理计划的成功至关重要。削减成本的努力应侧重于效率（做好事情，即以成本最低的方式）以及效果（做对的事情）。对企业来说，避免在低效率或无效果的活动上打转是很重要的。对供应商成功削减成本的能力取决于各方之间的相对权力平衡。

数字化带来了大幅节约成本的期望。数字流程通常也会为客户带来更高的价值。然而，如果数字化意味着客户不再有个人联系，情况就可能会恰恰相反。这就是为什么流程数字化不仅要考虑纯粹的成本，还要考虑变化对客户价值的影响。

在危机时期，更容易削减成本，但这需要劳资双方良好的合作。即使在危机情况下，目标也不能仅仅是削减成本，还必须考虑这些变化对需求的长期影响。

傲慢往往是成功的副产品，会损害成本意识，并降低削减成本的意愿。在不过分的情况下，企业应培养员工某种程度的不安全感或不确定性。最终，只有长期不懈地努力保持具有竞争力的成本水平，才能提高和增加企业的盈利能力和生存机会。

后记

在本书中,我满怀激情地将利润导向作为企业目标和企业领导者的座右铭。我深信利润导向比任何其他目标都能更有效地确保企业的生存。企业不仅要为股东而且要为利益相关者谋取福利。企业实现盈利时通常会使员工和企业在价值链上的合作伙伴、银行和政府乃至整个社会受益。

在利润方面,很多企业表现疲软,没有赚取资本成本,而其他企业则赚取了可观的利润,并因此提高了相应的市值。在投资和创新能力方面,利润微薄的企业会面临重大风险,成为被接管的候选对象。如果利润疲软持续存在,生存就会出现问题。我认为,对这些企业来说,严格的利润导向是必不可少的。

我承认利润导向并非没有问题,其中包括短期和长期观点之间的冲突。这种冲突可能难以调和。当然，我不主张企业在短期内尽可能地从员工、供应商和客户那里获取利润。一些企业确实在追求这一目标，但这样的话，必然会屡屡碰壁。利润导向始终应该是长期的，从而与股东价值的理念协调一致。但在这方面必须展现一定程度的谦逊，因为"长期"的含义通常并不明确，未来永远是不确定的。

伦理道德是并且仍然是长期领导力的基石。哈佛商学院第二任院长认为，我们应该"体面地赚取适当利润"。这就以一种典范的方式抓住了这一理念。但也有灰色地带：什么是适当，什么不是？像采用了新型基因疗法技术的 Luxturna 这种可以治疗罕见遗传性视网膜疾病的药品价格应该是 85 万美元吗？[256]

数字化是否让利润导向的首要地位过时了？在 2000 年前后的新经济繁荣期间，这种信念已经站稳了脚跟。我记得一些讨论，甚至是与经济学家的讨论，其中一些人声称"旧经济"的法则不再有效。点击率、用户或烧钱率成为新的成功指标，并替代了利润。

新经济泡沫的破灭给这些专家上了惨痛的一课，但其影响显然只是暂时的。大约 20 年后，我们生活在一个令人兴奋的新时代，84% 的上市公司没有盈利，而在某些情况下，市场估值却高得离谱。也许这一次落地（从而回归现实）会发生得更快，正如众创空间的发展似乎已经表明的那样。至于优步，我不会冒险做出预测。到 2021 年初，特斯拉的市值超过了其他汽车企业。这是否合理，会持续下去吗？我不得而知。

但问题仍然存在：虽然有的企业多年来没有赚钱，但它们是如何成功的呢？亚马逊和赛富时是这方面的新典型。对我来说，这个问题有一个简单的答案：因为投资者相信有一天这些企业会非常有利可图，因此，他们会继续提供资金。这明智吗？我们要到多年后才能知道这些企业是否真的会把希望和信任变成真正的利润。在这些情况下，对股价上涨的短期投机也可以发挥作用。驱动力是投资者的利润动机。这不失其相关性。旧经济的规律适用于现代经济，但同时也必须考虑"零边际成本"等新现象。

每位企业领导者或企业家都必须决定成功对自己意味着什么。在这方面，我认为自己并不是什么权威。但我敢冒险提出最后一个假设：如果一家企业长期没有盈利，最终倒闭，那么就很难说这家企业是成功的。我经常耳闻目睹低利润或亏损如何使高管、管理者和员工失去动力、沮丧、失望和缺乏生机活力。与之相反，我经历过持续的盈利能力激励、鼓舞和激发了企业中的每个人，从而使所有人都在工作中找到了成就感。因此，我的结论是，除了利润导向，私有企业别无选择。毕竟，从来就没有企业会因为盈利而破产。

注释

[1] https://www.wsj.com/articles/SB10001424052748703922804576301090149677206

[2] See Peter Drucker, "The Delusion of 'Profits'", *The Wall Street Journal*, February 5, 1975, p. 10.

[3] "烧钱率"（burn rate）或"现金燃烧率"（cash burn rate）在初创企业中最常用。现金燃烧率表示企业财务资源消耗的速度。

[4] Personal mail from Finn Mayer-Kuckuk on December 12, 2011.

[5] See https://www.wiwo.de/finanzen/boerse/stelter-strategische-verluste-sind-wieder-sexy/24253188.html

[6] Regarding these examples, see Rolf Winkler, "Uber and Lyft Get Creative With Numbers, but Investors Aren't Blind to the Losses", *Wall Street Journal Online*, May 14, 2019.

[7] Georg Giersberg, "Gewinn vor Kosten", *Frankfurter Allgemeine Zeitung*, January 19, 2017.

[8] 2013年1月6日的个人电子邮件。

[9] See Willi Koll, *Inflation und Rentabilität*, Wiesbaden: Gabler 1989.

[10] See Louis Perridon, Manfred Steiner und Andreas W. Rathgeber, *Finanzwirtschaft der Unternehmung*, 17. Edition, Munich: Vahlen 2016.

[11] See https://www.daimler.com/dokumente/investoren/berichte/geschaeftsberichte/daimler/daimler-ir-jahresfinanzbericht-2017.pdf, p. 251

[12] CompuGroup Medical S.E., annual report 2017; see https://www.bundesanzeiger.de/ebanzwww/wexsservlet.

[13] See Joel M. Stern und John S. Shiely, *The EVA challenge: Implementing value-added change in an organization*, New York: Wiley 2001 as well as Bennet Stewart, *The quest for value: the EVA management guide*, New York: Harper Business 1991.

[14] See Charles G. Koch, *The Science of Success: How Market-Based Management Built the World's Largest Private Company,* Hoboken, N.J.: Wiley 2007.

[15] See Alfred Marshall, *Principles of Economics*, 1. Edition, London: Macmillan 1890.

[16] See Harry M. Markowitz, *Portfolio Selection*, New Haven: Yale University Press 1971.

[17] See William F. Sharpe, *Portfolio Theory and Capital Markets*, New York: McGraw Hill 1970.

[18] 在2021年与菲亚特克莱斯勒（FiatChrysler）合并后，集团改为现名Stellantis。

[19] 如果企业采用基于现金的会计制度，应收账款付款时间不仅对流动性而且对利润也有很大的影响。

[20] Cited from Carsten Linz, TIS Customer Day, Frankfurt, November 2018, p. 23.

[21] See "The Biggest Burners", *Fortune*, July 29, 2019, pp. 16-17.

[22] See "Herd Instincts", *The Economist*, April 20, 2019, pp. 23-26.

[23] See. http://boerse.ard.de/boersenwissen/boersenlexikon/freier-cash-flow-100.html

[24] https://www.wsj.com/articles/huge-disparity-in-corporate-profits-hints-at-something-amiss-11576328400.

[25] Survey from May 2013, https://www.aei.org/carpe-diem/the-public-thinks-the-average-company-makes-a-36-profit-margin-which-is-about-5x-too-high/

[26] David Ogilvy, *Ogilvy on Advertising*, New York: Random House, 1983, p. 74

[27] 2019年西蒙顾和在米兰做的研究。
[28] 我们注意到，本研究及随后的研究中没有涉及增值税作用的问题。这可能会使结果有一些偏差，但不会从根本上改变误解和错误的估计。
[29] 准确的数据是19.97%。
[30] https://www.lifepr.de/inaktiv/raiffeisenlandesbank-oberoesterreich-aktiengesellschaft/Wir-muessen-das-Schmuddelimage-des-Gewinns-ueberwinden/boxid/233688.
[31] 我们也在以下国家寻找过类似的研究：英国、法国、西班牙、日本、荷兰、比利时、波兰、瑞典和丹麦。
[32] See "Perils of Perception 2018", IPSOS, https://www.ipsos.com/en-my/perils-perception-2018.
[33] See Hans Rosling, *Factfulness. Wie wir lernen, die Welt so zu sehen, wie sie ist,* Berlin: Ullstein 2018.
[34] 这些是2003~2010年的数据，2010年以后，没有再公布相应的数据。
[35] R^2=0.694，整体显著性99%。
[36] R^2=0.718，整体显著性90%。
[37] http://pages.stern.nyu.edu/~adamodar/New_Home_Page/datafile/margin.html
[38] https://www.kfw.de/PDF/Download-Center/Konzernthemen/Research/PDF-Dokumente-KfW-Mittelstandspanel/Mittelstandspanel-2017-%E2%80%93-Tabellenband.pdf。原始数据是税前的，现在的数据是根据30%的税率进行调整的。
[39] See "Top 500 F&E: Wer investiert am meisten in Innovationen", EY, July 2019.
[40] 此处引用2017年数据。
[41] Vgl. https://de.statista.com/statistik/daten/studie/510433/umfrage/netto-umsatzrenditen-globaler-fast-fashion-filialisten/
[42] *Fortune*, August 10, 2020, 2020; https://fortune.com/global500/
[43] 加权平均资本成本，参见第1章。
[44] https://www.bridgewater.com/research-library/daily-observations/peak-profit-margins-a-global-perspective/peak-profit-margins-a-global-perspective.pdf
[45] Fortune, July 1, 2019, p. F25, 请注意，这里只列出了455家盈利的企业。
[46] https://www.justice.gov/opa/pr/justice-department-sues-monopolist-google-violating-antitrust-laws
[47] See "Superstars – The Dynamics of Firms, Sectors, and Cities Leading the

Global Economy", Discussion Paper, McKinsey Global Institute, October 2018. See also the summary version at: https://www.mckinsey.com/featured-insights/innovation-and-growth/what-every-ceo-needs-to-know-about-superstar-companies.

[48] 在这种情况下，算术平均值和中位数彼此接近，因为将区间 t_i 限制在 0 到 5 之间排除了异常值的可能性。

[49] https://www.mckinsey.com/featured-insights/asia-pacific/getting-the-measure-of-corporate-asia?cid=podcast-eml-alt-mip-mck&hlkid=a7ed7ae31b7e4407ab929ac029f838b7&hctky=10318136&hdpid=9408c2be-66dc-41d3-8451-3d2b3f72abd3

[50] https://www.mckinsey.com/featured-insights/asia-pacific/corporate-asia-a-capital-paradox

[51] *Fortune*, July 1, 2019 for American 500 and Fortune, August 26, 2019 for Global 500.

[52] See Hermann Simon, *Hidden Champions of the 21st Century,* New York: Springer 2009.

[53] Hermann Simon, Hidden Champions – Aufstieg und Transformation, Frankfurt: Campus 2021.

[54] 信息来源包括德国联邦电子公报（*Bundesanzeiger*）的报告、各种企业报告、《法兰克福汇报》（*FAZ*）和德国《商报》（*Handelsblatt*）。

[55] 凯密特尔的数据是 2016 财年的。该公司于 2017 年被巴斯夫收购，并整合到巴斯夫。艾本德的数据是 2016 年的。Motel One 和 Weng Fine Art 的数据是 2018 年的。

[56] See "Erfolgskennziffern deutscher Unternehmen", Deutsche Bundesbank.

[57] See http://pages.stern.nyu.edu/~adamodar/New_Home_Page/datafile/roe.html

[58] 有许多量化此类风险成本的财务公式，但都无一例外是建立在平均值和历史值基础之上的，因此应用到个案时，基本没用。

[59] See Eliyahu M. Goldratt, The Goal, Great Barrington, MA: North River Press 1992.

[60] 威廉·R. 鲍莫尔（William R. Baumol）认为，管理者应追求收入最大化。这一观点也广为人知。鲍莫尔说："商人看到了规模和利润之间存在某种关系。与他们打交道的过程中，他们对销量价值的重视给我留下了深刻的印象。" William R. Baumol, *Business Behavior, Value and Growth*, Revised Edition, New York: Harcourt, Brace & World 1967, p. 45. For a deeper

discussion, see also Robert L. Sandmeyer, "Baumol's Sales-Maximization Model: Comment", *The American Economic Review*, Vol. 54, December 1964, pp. 1073-80 and William L. Anderson, "Profit Maximizing versus Revenue Maximizing Firms? Only Time will Tell, Working Paper, College of Business, Frostburg State University, Frostburg, no publication year. 该工作文件可以在很多网站上找到。

[61] Peter F. Drucker, *The Essential Drucker*, New York: Harper Business 2001, p. 38.

[62] 德鲁克也将利润解释为未来风险的成本。他设问："补偿企业未来风险所需的最低利润是多少？" see Peter F. Drucker, "The Delusion of 'Profits'", Wall Street Journal, February 5 1975, p. 10.

[63] We refer the reader to the standard text Ralph L. Keeney and Howard Raiffa, *Decisions with Multiple Objectives: Preferences and Value Tradeoffs*, Cambridge: Cambridge University Press 1993. There are also several journals devoted to this theme, such as *Journal of Multi-Criteria Decision Making, International Journal of Multicriteria Decision Making, Multiple Criteria Decision Making*.

[64] See Robert S. Kaplan and David P. Norton, *The Balanced Scorecard: Translating Strategy into Action,* Boston: Harvard Business School Press 1996.

[65] See Utz Schäffer and Jürgen Weber, "Kennzahlen sollten die Realität zeigen", *Frankfurter Allgemeine Zeitung,* July 29, 2019, p. 16.

[66] See "Transformation der Tech-Riesen", *Frankfurter Allgemeine Zeitung*, May 4, 2019, p. 24.

[67] See "Softbank Takes a $4.6 Billion Hit from WeWork", *New York Times*, November 6, 2019; see also https://www.wsj.com/articles/the-money-men-who-enabled-adam-neumann-and-the-wework-debacle-11576299616.

[68] Peter Thiel, *Zero to One. Notes on Startups or How to Build the Future*, London: Virgin Books 2014, Kindle position 591.

[69] Robert D. Buzzell and Bradley T. Gale, *The PIMS Principles – Linking Strategy to Performance,* New York: The Free Press 1987.

[70] Paul W. Farris and Michael J. Moore (editor), *The Profit Impact of Marketing Strategy Project: Retrospect and Prospects*, Cambridge: Cambridge University Press 2004.

[71] Kusum L. Ailawadi, Paul W. Farris and Mark E. Parry, "Market Share and ROI: Observing the Effect of Unobserved Variables", *International Journal of Research in Marketing*, 16(1)/1999, p. 31.

[72] Jim Lee, "Does Size Matter in Firm Performance? Evidence from US Public Firms", *International Journal of the Economics of Business*, 16(2)/2009, p. 200.

[73] Alexander Edeling and Alexander Himme, "When Does Market Share Matter? New Empirical Generalizations from a Meta-Analysis of the Market Share-Performance Relationship", *Journal of Marketing*, 82(3)/2018, pp. 1–24.

[74] Alexander Edeling, "Does Market Share Matter? New Empirical Generalizations from a Meta-Analysis", Working Paper, Economics and Social Science Faculty, University of Cologne, October 2015.

[75] See Felix Anton Sklenarz, Alexander Himme and Alexander Edeling, "Digital Transformation and Marketing Performance Measurement – How the 'Old' Market Share-Performance Relationship Does Not Hold Anymore", Paper presented at the Annual Conference of the European Marketing Academy, Hamburg 2019.

[76] Ibid., p. 9.

[77] Robert F. Lanzillotti, "Pricing Objectives in Large Companies", *The American Economic Review*, 48(5)/1958, pp. 921–940.

[78] J. Scott Armstrong and Kesten C. Green, "Competitor-Oriented Objectives: The Myth of Market Share", Working Paper, *International Journal of Business*, Vol. 12, 2007, pp. 117-136; see also J. Scott Armstrong and Fred Collopy, "Competitor Orientation: Effects of Objectives and Information on Managerial Decisions and Profitability", *Journal of Marketing*, 2/1996, pp. 188-199.

[79] Lopo L. Rego, Neil A. Morgan and Claes Fornell, "Reexamining the Market Share-Customer Satisfaction Relationship", *Journal of Marketing*, 77/September 2013, pp. 1-20.

[80] Richard Miniter, *The Myth of Market Share: Why Market Share is the Fool's Gold of Business*, New York: Crown Business 2002.

[81] Frank V. Cespedes, *Aligning Strategy and Sales: The Choices, Systems, and Behaviors that Drive Effective Selling*, Boston: Harvard Business Review Press 2014, p. 45.

[82] Wenyi Chu, Chien-Nan Chen and Chuang-Hung Wang, "The Market Share–Profitability Relationships in the Securities Industry", *The Service Industries Journal*, 28(6)/2008, pp. 813-826.

[83] See Wilhelm Rieger, *Einführung in die Privatwirtschaftslehre*, 1st edition, 1928, 2. or unchanged second edition, Nuremberg: Palm & Enke 1959.

[84] Horst Schulze, *Excellence Wins*, Grand Rapids: Zondervan 2019, p. 32.

[85] See Alfred Rappaport, *Creating Shareholder Value: A Guide for Managers and Investors*, New York: The Free Press 1986.

[86] Alfred Rappaport, *Creating Shareholder Value: A Guide for Managers and Investors*, 2nd edition, New York: The Free Press 1998, foreword.

[87] "Chinas Kaffeehauskette expandiert – Luckin will Starbucks auf den zweiten Platz verdrängen", *Frankfurter Allgemeine Zeitung*, January 4, 2019, p. 19.

[88] "YouTube CEO takes on TV, Web Rivals", *The Wall Street Journal*, June 8, 2016, p. B5.

[89] Michael Mankins, "Stop Focussing on Profitability and Go for Growth", *Harvard Business Review*, May 1, 2017, https://hbr.org/2017/05/stop-focusing-on-profitability-and-go-for-growth.

[90] See Hermann Simon, "Negative Preise – ein neues Phänomen", *Marketing Review St. Gallen*, 2/2016, pp. 76-81.

[91] For a deeper treatment, see Roger Blanpain, William Bromwich, Olga Rymkevich and Iacopo Senatori (editor), *Rethinking Corporate Governance: From Shareholder Value to Stakeholder Value*, New York: Wolters Kluwer 2011.

[92] Natalie Mizik and Robert Jacobson, "The Cost of Myopic Management", *Harvard Business Review*, July-August 2007, p. 22; see also "Myopic Marketing Management: Evidence of the Phenomenon and Its Long-Term Performance Consequences in the SEO Context", *Marketing Science*, May-June 2007, pp. 361-379 as well as Natalie Mizik, "The Theory and Practice of Myopic Management", *Journal of Marketing Research*, Vol. 47/August 2010, pp. 594-611.

[93] See Arwed Emminghaus, *Allgemeine Gewerkslehre*, Berlin: F. A. Herbig 1868, S. 69; as well as Klaus Brockhoff, "Was bedeutet eigentlich 'Shareholder Value'"?, Speech, WHU Koblenz, June 5, 2013.

[94] See Ismail Lahlou, *Corporate Board of Directors: Structure and Efficiency*,

Cham: Springer Nature 2019.

[95] See "Efficiencies of Scale May Be a Myth", *Harvard Business Review*, March-April 2019, p. 22; see also Aytekin Ertan, Stefan Lewellen and Jacob K. Thomas, "The Long-Run Average Cost Puzzle, May 1, 2018, https://ssrn.com/abstract=3178202

[96] Rainer Zitelmann, *The Power of Capitalism,* London: LID Publishing 2019.

[97] Werner Plumpe, *Das kalte Herz. Kapitalismus: Die Geschichte einer andauernden Revolution*, Berlin: Rowohlt 2019, p. 640.

[98] 基尼系数是一种衡量收入分配不公平程度的方法。基尼系数的大小在0（表示收入分配不公平程度最低）和1（表示收入分配不公平程度最大）之间。

[99] Judith Niehues, "Ungleichheit zwischen Wunsch, Wahrnehmung und Wirklichkeit", *Frankfurter Allgemeine Zeitung*, July 26, 2019, p. 18.

[100] Alfred Müller-Armack, *Wirtschaftslenkung und Marktwirtschaft*, Hamburg: Verlag für Wirtschaft und Sozialpolitik 1947, p. 65.

[101] "Peugeot verspricht Opel Hilfe zur Selbsthilfe", *Frankfurter Allgemeine Zeitung*, March 8, 2017, p. 19.

[102] Milton Friedman, *The New York Times Magazine*, September 13, 1970.

[103] 2019年4月3日在波士顿的个人谈话。

[104] Peter F. Drucker, "The Delusion of 'Profits'", *Wall Street Journal*, February 5, 1975, p. 10.

[105] See Bernhard Emunds and Hans Günter Hockerts (Hrsg.), *Den Kapitalismus bändigen. Oswald von Nell-Breunings Impulse für die Sozialpolitik*, Paderborn: Ferdinand Schöning 2015.

[106] 2019年5月9日Pil Hwa Yoo教授发来的个人邮件。

[107] 1986年10月6日海因茨·杜尔（Heinz Dürr）在南威尔士大学的演讲。

[108] 2010年9月7日在美因河畔法兰克福举行的西蒙顾和25周年庆典演讲。

[109] 宜家公司网址主页："英格卡控股有限公司及其控制实体的所有权结构确保其独立性和长期经营策略。荷兰斯地廷·英格卡基金会（Stichting Ingka Foundation）是我们的所有者。基金只能有两个用途——再投资于英格卡集团，或者通过斯地廷宜家基金会用于慈善目的。"

[110] 博世是全球最大的汽车部件供应商，年收入780亿欧元，有40.2万名员工。

[111] Interview with Christof Bosch, *Frankfurter Allgemeine Zeitung*, May 6,

2019, p. 22.
[112] "Bosch prescht beim Klima vor", *Handelsblatt*, May 10, 2019, p. 18.
[113] "Der exzentrische Vermieter", *Frankfurter Allgemeine Zeitung*, May 8, 2019, p. 20.
[114] Ibid.
[115] See Philip Kotler, *Advancing the Common Good: Strategies for Businesses, Governments, and Nonprofits*, New York: Praeger ABC-CLIO 2019.
[116] Tyler Cowen, *Big Business: A Love Letter to an American Anti-Hero*, New York: St. Martin's Press 2019, p. 6.
[117] Ibid., p. 39.
[118] See Simon-Kucher Trend Radar – The Rating Economy, Bonn 2019.
[119] Rainer Zitelmann, *The Power of Capitalism,* London: LID Publishing 2019.
[120] "我们希望培养出能够体面地赚取适当利润的领导者。" 2016年6月27日，尼汀·诺瑞亚（Nitin Nohria）在慕尼黑哈佛研究研讨会上的演讲。哈佛商学院成立于1908年。华莱士·布雷特·多纳姆（Wallace Brett Donham）为其第二任院长。
[121] From Robert Bosch, "Lebenserinnerungen", excerpted in *Bosch-Zünder*, 9/1921, pp. 230-232 and 9/1931, pp. 194-198 as well as in *50 Jahre Bosch – 1886-1936*, Stuttgart: Bosch Eigenverlag 1936.
[122] Dietmar Paland, "Der Goldjunge von Novartis", *Manager Magazin*, June 2019, p. 42.
[123] Hermann Simon, Philosophie des Preises, *Marketing Review St. Gallen*, 5/2019, pp. 12-21.
[124] See http://www.spiegel.de/fotostrecke/umfrage-ergebnisse-deutschland-im-wahl-und-krisenjahr-fotostrecke-48256-11.html
[125] *Frankfurter Allgemeine Zeitung*, October 17, 2018, p. 22.
[126] "Was darf Leben kosten?, *Handelsblatt*", December 19, 2018, p. 1.
[127] "Roche Nears Deal to Buy Spark Therapeutics for Close to $5 Billion", *The Wall Street Journal online*, February 24, 2019.
[128] Otfried Höffe, "Dürfen Unternehmer Gewinne machen?", *Frankfurter Allgemeine Zeitung*, August 12, 2016, p. 20.
[129] Manfred Hoefle, "Wie Abschöpfung Unternehmen und Gesellschaft ruiniert", Denkschrift Nr. 11, *Managerismus*, see also Manfred Hoefle, *Managerismus. Unternehmensführung in Not*, Weinheim: Wiley 2010.

［130］http://www.vatican.va/content/francesco/de/encyclicals/documents/papa-francesco_20201003_enciclica-fratelli-tutti.html.

［131］Rainer Zitelmann, *The Power of Capitalism,* London: LID Publishing 2019.

［132］See Alan S. Kahan, *Mind vs. Money – The War between Intellectuals and Capitalism,* New York: Routledge 2010.

［133］Rainer Zitelmann, The Rich in Public Opinion, Washington: Cato-Institute 2020, p. 273.

［134］Mariana Mazzucato, *The Value of Everything: Making and Taking in the Global Economy,* London: Penguin Random House 2018, p. 4.

［135］See Joseph Stiglitz, *The Price of Inequality: How Today's Divided Society Endangers our Future,* London: Allen Lane 2012.

［136］1984年克朗斯股份公司上市时，德国没有利润报告要求。

［137］Rainer Zitelmann, The Wealth Elite: A groundbreaking study of the psychology of the super rich, London: LID Publishing 2018.

［138］Karl-Heinz Johnen, *Handelsblatt,* October 7, 2013.

［139］参阅2009年3月12日的《金融时报》，同时可以参阅2009年3月16日的《商业周刊》，其中杰克·韦尔奇在《金融时报》上对自己的言论进行了修正。

［140］Blog.malik-management.com, August 7, 2011.

［141］See https://www.germanboardnews.de/flops/2019/03/wolfgang-reitzle-wegbereiter-einer-exzessiven-shareholder-value-kultur/

［142］For a more detailed treatment, see Roger Blanpain, William Bromwich, Olga Rymkevich and Iacopo Senatori (Editor), *Rethinking Corporate Governance: From Shareholder Value to Stakeholder Value,* New York: Wolters Kluwer 2011.

［143］*Wall Street Journal Europe,* July 28, 2015, p. 1.

［144］https://www.businessroundtable.org/business-roundtable-redefines-the-purpose-of-a-corporation-to-promote-an-economy-that-serves-all-americans

［145］See "Move Over, Shareholders: Top CEOs Say Companies Have Obligations to Society", *The Wall Street Journal,* August 19, 2019.

［146］See https://opportunity.businessroundtable.org/ourcommitment/.

［147］Frankfurter Allgemeine Zeitung, August 21, 2019, p. 15 and Hans-Jürgen Jakobs, "Morning Briefing", *Handelsblatt,* August 20, 2019.

［148］See https://www.morningbrew.com/daily/stories/2019/08/19/business-

roundtable-changes-course
[149] Drucker.institute, E-Mail, August 20, 2019.
[150] https://www.weforum.org/agenda/2019/12/davos-manifesto-2020-the-universal-purpose-of-a-company-in-the-fourth-industrial-revolution
[151] https://www.wsj.com/articles/profit-keeps-corporate-leaders-honest-11607449490?mod=opinion_lead_pos8
[152] Irmela Büttner, "Reich, weil er gute Löhne zahlte", *Chrismon*, 3/2016, p. 49.
[153] Peter F. Drucker, *The Essential Drucker*, New York: Harper-Business 2001, p. 58.
[154] Ryan Derousseau, "When Workers and Investors Share the Wealth", *Fortune*, January 1, 2019, pp. 22-23.
[155] Cited according to Justin Fox and Jay W. Lorsch, "What Good are Shareholders?", *Harvard Business Review*, July-August 2012, pp. 48-57, here p. 54.
[156] "Move Over, Shareholders: Top CEOs Say Companies Have Obligations to Society", *The Wall Street Journal*, August 19, 2019, p. 16.
[157] "GM Is Still Studying the $100,000 Cadillac", *Automotive News*, May 17, 2004.
[158] 西蒙顾和，全球定价研究，波恩，2012年。2011年对3 915人的初步研究得出了类似的结果：35%以利润为导向，41%以销量为导向，24%为两者平衡。
[159] 索尼的财务年度从每年的4月1日到次年的3月31日。
[160] *Frankfurter Allgemeine Zeitung*, February 1, 2020, p. 22.
[161] 这一广告调查收到了19个国家的153份回复。我想强调的是，这项调查并不具有代表性。我不能排除受访者在知道这两个数字时会有更倾向于某种回答的潜在偏见。
[162] Siemens annual report, 2017.
[163] Kenneth Button, "Empty Cores in Airlines Markets", Speech at Hamburg Aviation Conference, February 14-15, 2002.
[164] See Michael E. Porter, *Competitive Advantage – Creating and Sustaining Superior Performance*, New York: The Free Press 1985.
[165] See W. Chan Kim und Renée A. Mauborgne, *Blue Ocean Strategy, Expanded Edition: How to Create Uncontested Market Space and Make the Competition Irrelevant*, Boston: Harvard Business Press 2015.

[166] See *Frankfurter Allgemeine Zeitung*, January 31, 2013, p. 11.

[167] *Produktion*, April 23, 2012.

[168] "Unter einem schlechten Stern", *Handelsblatt*, March 20, 2013, p. 20.

[169] 从 2010 年到 2017 年的平均值。

[170] Interview with Christof Bosch, *Frankfurter Allgemeine Zeitung*, May 6, 2019, p. 22.

[171] 关于专注（单一业务）与多元化，可参见 Hermann Simon, Hidden Champions des 21. Jahrhunderts. Die Erfolgsstrategien unbekannter Weltmarktführer, Frankfurt/Main: Campus 2007, Chapter 3。

[172] Sarah Cliffe, "A Partial Defense of Our Obsession with Short-Term Earnings", *Harvard Business Review*, May 7, 2015, https://hbr.org/2015/05/a-partial-defense-of-our-obsession-with-short-term-earnings

[173] Hermut Kormann, "Gibt es so etwas wie typisch mittelständische Strategien?", Discussion Paper Nr. 54, University of Leipzig, Economics Faculty, November 2006.

[174] See Jim Collins und Jerry I. Porras, *Built to Last: Successful Habits of Visionary Companies,* 3rd edition, New York: Harper Collins 2004.

[175] Geert Mak, *Wie Gott verschwand aus Jorwerd. Der Untergang des Dorfes in Europa*, München: Pantheon 2014, p. 50.

[176] See https://de.statista.com/statistik/daten/studie/1062432/umfrage/ranking-der-laender-mit-den-meisten-unicorn-unternehmen/

[177] See Erich Frese, "German Managers' Organizational Know-how in the Interwar Period 1918-1939, *Vierteljahresschrift für Sozial- und Wirtschaftsgeschichte*, 2/2016, pp. 145-177.

[178] https://www.diw.de/documents/publikationen/73/diw_01.c.417892.de/13-13-1.pdf

[179] https://www.econstor.eu/bitstream/10419/203677/1/1676920420.pdf

[180] 经济合作与发展组织（OECD），表 II.1 法定企业所得税率；毕马威（KPMG），企业税率表；对某些管辖主体进行了单独研究。

[181] https://www.concreteconstruction.net/producers/profit-is-an-attitude_o

[182] 2019 年的一项调查显示，与年长的美国人相比，年轻的美国人对利润和财富持更多的批评意见，参见 Rainer Zitelmann, The Rich in Public Opinion, Washington: Cato-Institute 2020。

[183] See Rainer Zitelmann, The Rich in Public Opinion, Washington: Cato-

Institute 2020.

[184] See Sönke Albers, Murali K. Mantrala und Shrihari Sridhar, "Personal Selling Elasticities: A Meta-Analysis", *Journal of Marketing Research*, 5/2010, pp. 840-853.

[185] Raj Sethuraman, Gerard J. Tellis and Richard A. Briesch, "How Well Does Advertising Work? Generalizations from Meta-Analysis of Brand Advertising Elasticities", *Journal of Marketing Research*, 48 (3)/2011, pp. 457-471.

[186] See Simon-Kucher & Partners, Global Pricing Survey 2019, London 2019.

[187] See Hermann Simon and Martin Fassnacht, *Price Management - Strategy, Analysis, Decision, Implementation*, New York: Springer Nature 2019. See also Hermann Simon, *Confessions of the Pricing Man*, New York: Springer 2015.

[188] 这对应税前销售回报率。为简单起见，我们将税收排除在计算之外，因为它对相对优势或劣势没有任何影响。

[189] 这就是 ceteris paribus 条件，即"其他条件都相同"。

[190] 在此计算中，我们假设企业税率为 30%。实际税率因国家和地区而异，所选国家和地区的税率介于 20% 和 33% 之间。

[191] 收入和利润数据的来源是《财富》500 强榜单，参见《财富》，2020 年 8 月 /9 月，第 F1-F22 页。利润增长是通过假设企业税率为 30% 来计算的。这意味着 1% 的价格上涨，0.7% 是净利润。利润增长计算如下：利润增长百分比 = 0.7%/ 净利润率 ×100%。对沃尔玛而言，0.7%/2.84% × 100%= 24.6%。

[192] "Die Luft wird dünner", *General-Anzeiger Bonn*, February 9, 2015, p. 7.

[193] Karl Marx, *Wages, Prices, and Profits*, Moscow 1951, p. 28.

[194] 潜在利润的具体形式取决于价格响应和成本函数。

[195] See Dan Ariely, *Predictably Irrational: The Hidden Forces that Shape our Decisions*, New York: Harper Perennial 2010, and Enrico Trevisan, *The Irrational Consumer: Applying Behavioural Economics to Your Business Strategy*, London: Routledge 2013.

[196] See John T. Gourville und Dilip Soman, "Payment Depreciation: The Behavioral Effects of Temporally Separating Payments from Consumption", *Journal of Consumer Research*, 25(2)/1998, pp. 160-174.

[197] *See Frankfurter Allgemeine Zeitung*, August 7, 2018, p. 7.

[198] Ibid.

[199] http://www.pay-per-wash.biz/de_de/, called up on November 10, 2020

[200] 2020 年 11 月 4 日奥多比（Adobe）的市值为 2337.2 亿美元。

[201] Andreas Herrmann, Walter Brenner, and Rupert Stadler, *Autonomous Driving: How the Driverless Revolution will Change the World*, London: Emerald Publishing 2018, p. 29.

[202] https://www.enercon.de/en/dienstleistungsportfolio/service/

[203] Kerstin Friemel and Ingo Malcher, "Gewusst wie", *McKinsey Wissen*, 18/2006, pp. 18–25.

[204] Christian Siedenbiedel, "Revolution der KfZ-Versicherung", *FAZnet*, January 13, 2014.

[205] Shoshana Zuboff, "Die Vorteile der Nachzügler", *Frankfurter Allgemeine Zeitung*, March 23, 2015, p. 15.

[206] Evgeny Morozov, "Unser Leben wird umgekrempelt", *Frankfurter Allgemeine Zeitung*, November 2, 2013, p. 14.

[207] Lucy Craymer, "Weigh More, Pay More on Samoa Air", *Wall Street Journal Online*, April 3, 2013.

[208] See Marco Bertini and Oded Koenigsberg, *The Ends Game – How Smart Companies Stop Selling Products and Start Delivering Value*, Cambridge, Massachusetts: MIT Press 2020.

[209] See Shuba Srinivasan, Koen Pauwels, Jorge Silva-Risso and Dominique M. Hanssens, "Product Innovations, Advertising, and Stock Returns", *Journal of Marketing*, 73 (January)/2009, pp. 24-43.

[210] 2010 年 5 月 26 日，在金融危机调查委员会（FCIC）前，沃伦·巴菲特（Warren Buffett）访谈摘录。

[211] See Peter Thiel, *Zero to One. Notes on Startups or How to Build the Future*, New York: Crown Publishing Group 2014.

[212] EVP 的概念在法国巴黎国家知识产权局注册为品牌号码 174368295。

[213] 自由现金流定义参见第 1 章。

[214] "Wall Street braced for 'earnings recession' as margins fall, US companies struggle to pass on rising labour, transportation and raw material costs", *Financial Times*, March 26, 2019.

[215] See Simon-Kucher & Partners, Global Pricing Study 2014, Bonn 2014.

[216] *Chicago Tribune*, January 9, 2007, see also "GM's Employee-Discount Offer on New Autos Pays Off", *USA Today*, June 29, 2005.

[217] See Simon-Kucher & Partners, Global Pricing Survey 2019, London 2019.
[218] See Hermann Simon and Martin Fassnacht, *Price Management,* New York: Springer Nature 2019, p. 201.
[219] See Klaus Meitinger, "Wege aus der Krise", *Private Wealth*, March 2009, pp. 26-31.
[220] Ibid.
[221] See Simon-Kucher & Partners, Global Pricing Study 2014, Bonn 2014.
[222] Robert L. Phillips, *Pricing and Revenue Optimization*, Stanford: Stanford University Press 2005, as well as Peter O'Connor & Jamie Murphy, "Hotel Yield Management Practices Across Multiple Electronic Distribution Channels", *Information Technology & Tourism*, 10(2), 2008, pp. 161-172.
[223] See Robert Klein and Claudius Steinhardt, *Revenue Management*, Berlin: Springer 2008 as well as Robert G. Cross, *Revenue Management*, New York: Broadway Books 1997.
[224] 西蒙顾和对 76 家机械制造企业进行了研究。
[225] https://www.festo-didactic.com/int-en/
[226] See "Wohnlichkeit in der Flugzeugkabine" *Neue Zürcher Zeitung*, February 5, 2007, p. 7.
[227] See Madhavan Ramanujam and Georg Tacke, *Monetizing Innovation: How Smart Companies Design the Product around the Price*, Hoboken, N.J.: Wiley 2016.
[228] Alexander Himme, "Kostenmanagement: Bestandsaufnahme und kritische Beurteilung der empirischen Forschung, *Zeitschrift für Betriebswirtschaft*, September 2009, pp. 1051-1098.
[229] "Schuler strengthens international sites and reduces capacities in Germany", press release, July 29, 2019.
[230] 除非可以转租空间，或者出租人允许承租人取消合同，前者通常在有吸引力的地点能取得成功，后者在租金上涨时可能发生。
[231] 然而，由于税收因素，在这种情况下，流动性可能会受到影响。
[232] 准确地说，弹性是 -6，因为成本变化和利润变化有不同的符号。在这种情况下，我们会关注利润弹性的绝对值。
[233] 成本增加导致相同的百分比变化，但符号相反。
[234] https://www.macrotrends.net/stocks/charts, called up February 6, 2020. 可获得的最新数据，大多数是 2019 业务各年的，也有一些是 2018 年的。

[235] 计算如下：利润弹性百分比 = 销货成本 ×0.01/ 税前收入 ×100%，间接费用的计算公式类似。对于洛克希德 - 马丁公司：对于销货成本，利润弹性百分比 = 514 亿美元 ×0.01/72 亿美元 ×100% = 7.1%；对于间接费用，利润弹性百分比 = 1.78 亿美元 ×0.01/72 亿美元 ×100% = 2.5%。

[236] 这些数字从 2018 年或 2017 年的业务年度选取。计算类似于图 8-1。

[237] 永久义务的一个例子是无限期地关闭工厂。

[238] Alexander Himme, "Kostenmanagement: Bestandsaufnahme und kritische Beurteilung der empirischen Forschung", *Zeitschrift für Betriebswirtschaft*, September 2009, p. 1075.

[239] See Jeremy Rifkin, *The Zero Marginal Cost Society,* New York: Griffin 2015.

[240] For a detail analysis of this phenomenon, see Hermann Simon and Martin Fassnacht, *Price Management: Strategy, Analysis, Decision, Implementation*, New York: Springer Nature 2019, p. 544.

[241] *Fortune*, August 10, 2020.

[242] See Peter Kajüter, "Kostenmanagement in der deutschen Unternehmenspraxis – Empirische Befunde einer branchenübergreifenden Feldstudie", *Zeitschrift für betriebswirtschaftliche Forschung*, January 2005, pp. 79-100.

[243] Michael Hammer and James Champy *Reengineering the Corporation: A Manifesto for Business Revolution*, New York: Harper Business 1993.

[244] Alexander Himme, "Critical Success Factors of Strategic Cost Reduction", *Journal of Management Control*, 2012, p. 200. 成本降低百分比是我根据提供的范围计算的，因此是近似值。

[245] Ibid., p. 204.

[246] Robin Cooper, *When Lean Enterprises Collide: Competing through Confrontation*, Boston: Harvard Business School Press 1995, p. 7.

[247] See Ioannis Chalkiadikis, *New Product Development with the Use of Quality Function Deployment*, Beau Bassin: Lambert Academic Publishing 2019.

[248] See Madhavan Ramanujam and Georg Tacke, *Monetizing Innovation: How Smart Companies Design the Product around the Price*, Hoboken: Wiley 2016.

[249] *Handelsblatt*, August 15, 2011.

[250] Andreas Hoffjan, Sebastian Lührs and Anja Kolburg, "Cost Transparency in Supply Chains: Demystification of the Cooperation Tenet", *Schmalenbach Business Review*, 3/2011.

[251] 西巴 - 盖吉（Ciba-Geigy）是诺华制药（Novartis）前身之一。
[252] See Gerhard Neumann, *Herman the German*, New York: William Morrow 1984.
[253] See Hermann Simon, *Zwei Welten, ein Leben. Vom Eifelkind zum Global Player*, Frankfurt/Main: Campus 2018.
[254] "Wir flexibilisieren uns zu Tode", *Frankfurter Allgemeine Zeitung*, January 7, 2015, p. N4.
[255] Hermann Simon, *Beat the Crisis – 33 Quick Solutions for Your Company*, New York: Springer 2010.
[256] 美国双眼治疗的价格。德国和英国治疗双眼的价格分别为 590 000 欧元和 610 000 英镑。

推荐阅读

"隐形冠军之父"赫尔曼·西蒙著作

隐形冠军：未来全球化的先锋（原书第 2 版）
ISBN：978-7-111-63479-9
定价：99.00 元
作者：[德] 赫尔曼·西蒙（Hermann Simon） [德] 杨一安

隐形冠军 2：新时代、新趋势、新策略
ISBN：978-7-111-73752-0
定价：89.00 元
作者：[德] 赫尔曼·西蒙（Hermann Simon）

全球化之旅：隐形冠军之父的传奇人生
ISBN：978-7-111-68111-3
定价：89.00 元
作者：[德] 赫尔曼·西蒙（Hermann Simon）

定价制胜：科学定价助力净利润倍增
ISBN：978-7-111-71323-4
定价：69.00 元
作者：[德] 赫尔曼·西蒙（Hermann Simon） [德] 杨一安

价格管理：理论与实践
ISBN：978-7-111-68063-5
定价：89.00 元
作者：[德] 赫尔曼·西蒙（Hermann Simon）
　　　[德] 马丁·法斯纳赫特（Martin Fassnacht）

彼得·德鲁克全集

序号	书名	要点提示
1	工业人的未来 The Future of Industrial Man	工业社会三部曲之一，帮助读者理解工业社会的基本单元——企业及其管理的全貌
2	公司的概念 Concept of the Corporation	工业社会三部曲之一，揭示组织如何运行，它所面临的挑战、问题和遵循的基本原理
3	新社会 The New Society：The Anatomy of Industrial Order	工业社会三部曲之一，堪称一部预言，书中揭示的趋势在短短十几年都变成了现实，体现了德鲁克在管理、社会、政治、历史和心理方面的高度智慧
4	管理的实践 The Practice of Management	德鲁克因为这本书开创了管理"学科"，奠定了现代管理学之父的地位
5	已经发生的未来 Landmarks of Tomorrow：A Report on the New "Post-Modern" World	论述了"后现代"新世界的思想转变，阐述了世界面临的四个现实性挑战，关注人类存在的精神实质
6	为成果而管理 Managing for Results	探讨企业为创造经济绩效和经济成果，必须完成的经济任务
7	卓有成效的管理者 The Effective Executive	彼得·德鲁克最为畅销的一本书，谈个人管理，包含了目标管理与时间管理等决定个人是否能卓有成效的关键问题
8 ☆	不连续的时代 The Age of Discontinuity	应对社会巨变的行动纲领，德鲁克洞察未来的巅峰之作
9 ☆	面向未来的管理者 Preparing Tomorrow's Business Leaders Today	德鲁克编辑的文集，探讨商业系统和商学院五十年的结构变化，以及成为未来的商业领袖需要做哪些准备
10 ☆	技术与管理 Technology, Management and Society	从技术及其历史说起，探讨从事工作之人的问题，旨在启发人们如何努力使自己变得卓有成效
11 ☆	人与商业 Men, Ideas, and Politics	侧重商业与社会，把握根本性的商业变革、思想与行为之间的关系，在结构复杂的组织中发挥领导力
12	管理：使命、责任、实践（实践篇） Management:Tasks,Responsibilities,Practices	为管理者提供一套指引管理者实践的条理化"认知体系"
13	管理：使命、责任、实践（使命篇） Management:Tasks,Responsibilities,Practices	
14	管理：使命、责任、实践（责任篇） Management:Tasks,Responsibilities,Practices	
15	养老金革命 The Pension Fund Revolution	探讨人口老龄化社会下，养老金革命给美国经济带来的影响
16	人与绩效：德鲁克论管理精华 People and Performance: The Best of Peter Drucker on Management	广义文化背景中，管理复杂而又不断变化的维度与任务，提出了诸多开创性意见
17 ☆	认识管理 An Introductory View of Management	德鲁克写给步入管理殿堂者的通识入门书
18	德鲁克经典管理案例解析（纪念版） Management Cases(Revised Edition)	提出管理中10个经典场景，将管理原理应用于实践

彼得·德鲁克全集

序号	书名	要点提示
19	旁观者：管理大师德鲁克回忆录 Adventures of a Bystander	德鲁克回忆录
20	动荡时代的管理 Managing in Turbulent Times	在动荡的商业环境中，高管理层、中级管理层和一线主管应该做什么
21☆	迈向经济新纪元 Toward the Next Economics and Other Essays	社会动态变化及其对企业等组织机构的影响
22☆	时代变局中的管理者 The Changing World of the Executive	管理者的角色内涵的变化、他们的任务和使命、面临的问题和机遇以及他们的发展趋势
23	最后的完美世界 The Last of All Possible Worlds	德鲁克生平仅著两部小说之一
24	行善的诱惑 The Temptation to Do Good	德鲁克生平仅著两部小说之一
25	创新与企业家精神 Innovation and Entrepreneurship	探讨创新的原则，使创新成为提升绩效的利器
26	管理前沿 The Frontiers of Management	德鲁克对未来企业成功经营策略和方法的预测
27	管理新现实 The New Realities	理解世界政治、政府、经济、信息技术和商业的必读之作
28	非营利组织的管理 Managing the Non-Profit Organization	探讨非营利组织如何实现社会价值
29	管理未来 Managing for the Future:The 1990s and Beyond	解决经理人身边的经济、人、管理、组织等企业内外的具体问题
30☆	生态愿景 The Ecological Vision	对个人与社会关系的探讨，对经济、技术、艺术的审视等
31☆	知识社会 Post-Capitalist Society	探索与分析了我们如何从一个基于资本、土地和劳动力的社会，转向一个以知识作为主要资源、以组织作为核心结构的社会
32	巨变时代的管理 Managing in a Time of Great Change	德鲁克探讨变革时代的管理与管理者、组织面临的变革与挑战、世界区域经济的力量和趋势分析、政府及社会管理的洞见
33	德鲁克看中国与日本：德鲁克对话"日本商业圣手"中内功 Drucker on Asia	明确指出了自由市场和自由企业，中日两国等所面临的挑战，个人、企业的应对方法
34	德鲁克论管理 Peter Drucker on the Profession of Management	德鲁克发表于《哈佛商业评论》的文章精心编纂，聚焦管理问题的"答案之书"
35	21世纪的管理挑战 Management Challenges for the 21st Century	德鲁克从6大方面深刻分析管理者和知识工作者个人正面临的挑战
36	德鲁克管理思想精要 The Essential Drucker	从德鲁克60年管理工作经历和作品中精心挑选、编写而成，德鲁克管理思想的精髓
37	下一个社会的管理 Managing in the Next Society	探讨管理者如何利用这些人口因素与信息革命的巨变，知识工作者的崛起等变化，将之转变成企业的机会
38	功能社会：德鲁克自选集 A Functioning society	汇集了德鲁克在社区、社会和政治结构领域的观点
39☆	德鲁克演讲实录 The Drucker Lectures	德鲁克60年经典演讲集锦，感悟大师思想的发展历程
40	管理（原书修订版） Management(Revised Edition)	融入了德鲁克于1974~2005年间有关管理的著述
41	卓有成效管理者的实践（纪念版） The Effective Executive in Action	一本教你做正确的事，继而实现卓有成效的日志笔记本式作品

注：序号有标记的书是新增引进翻译出版的作品